Klaus Hagmann

SCHNAPS BRENNEN

INHALT

So schmeckt's 67

Genießen ... 97

Service 102

FASZINATION OBST BRENNEN

Die Verarbeitung von Obst und Beeren zu aromatischen Bränden und Geisten ist für mich seit Jahrzehnten ein immer wieder faszinierender Vorgang. Je intensiver man diesen Beruf oder dieses Hobby oder wie in meinem Fall beides betreibt, desto mehr verwächst man mit der Materie und wer die Möglichkeit hat, seine Rohstoffe auch noch selbst anbauen zu können, wird früher oder später den Jahresverlauf mit ihnen teilen. Man verspürt Unwohlsein und Schmerz bei Trockenheit, Unwettern oder Schädlingsbefall und freut sich im Gegensatz dazu, wenn es den Pflanzen gut geht und die reifen Früchte geerntet werden können. Nach dem Einmaischen und der alkoholischen Gärung – Vorgängen, bei denen bei Beachtung einiger Grundlagen eigentlich nichts schiefgehen kann – erfolgt die Destillation. Eine Kunst, bei der Können, Erfahrung, Gefühl und vor allem Geduld viel mit der nachfolgenden Qualität zu tun haben. Der riesige Aufwand, der bis zum Erhalt des sauberen Brandes bewältigt werden muss, steht leider oft in keiner Relation zur Wertschätzung der Konsumenten, die häufig aromatisierten und gesüßten Industriealkohol bevorzugen. Mild, weich und vor allem aromatisch muss es sein. Leider oder „Gott sei Dank" sind der Natur bezüglich Aromen Grenzen gesetzt und mit dem Destillationsvorgang versucht man nun, möglichst viele dieser empfindlichen Aromen ins Glas zu bringen. Das Resultat erfreut die Sinne in seiner Natürlichkeit und Eleganz, Klarheit und dezenten Ausprägung und spiegelt die Früchte in flüssiger Form wider. Und dieser Kreislauf wiederholt sich Jahr um Jahr und ist nie gleich, was sich in den alljährlich produzierten Destillaten bestätigt.

Dieses Buch soll Ihnen die Faszination Obstbrand in fundierten Anleitungen näherbringen und am Ende Anfängern und Fortgeschrittenen eine Hilfestellung zur Herstellung perfekter Destillate geben.

Dr. Klaus Hagmann

REQUIREMENTS
METHERM
i.A. DIN 8902

VOR DEM START

GESCHICHTE DER OBSTBRENNEREI

Die Destillation von Wein und somit die „Erfindung" des Alkohols reicht bis ins 11. Jahrhundert zurück. Zunächst galt Branntwein als Heilmittel und durfte im Mittelalter nur von Mönchen und Ärzten hergestellt werden. Angesetzt mit Kräutern und Wurzeln fand der Alkohol als medizinisch wirksames aqua vitae (lateinisch = Lebenswasser) äußerlich und innerlich Anwendung. Anfang des 16. Jahrhunderts leitete der Philosoph und Arzt Paracelsus von Hohenheim den Begriff Alkohol aus dem Arabischen ab, wo das Wort al ko hul etwas außergewöhnlich Reines bezeichnet. Der neue Begriff löste mit der Zeit lateinische Bezeichnungen wie aqua vitae ab. Erste Aufzeichnungen über das Abbrennen vergorener Obstrohstoffe findet man aber erst im 17. Jahrhundert. In einer überarbeiteten Ausgabe des Kräuterbuches von Hieronymus Tragus aus dem Jahre 1630 wird über die Bereitung eines Kirschwassers sowie die Destillation zerstoßener Kirschen mit Wein berichtet (Wüstenfeld/Haeseler, 1996). Bereits Ende des 18. Jahrhunderts war eine merkliche Zunahme der Herstellung von Obstbränden zu beobachten. In der gleichen Zeit vollzog sich auch der Wandel des Alkohols vom Heil- zum Genussmittel, mit dem damit verbundenen Missbrauch, der unkontrollierten Herstellung, den Verboten und schließlich dem Erlass einer Branntweinsteuer.

Im Branntweinsteuergesetz von 1909 ist eine genaue Definition der Obstbrennereien als Betriebe zur ausschließlichen Verarbeitung von Obst, Beeren oder deren Rückständen zu finden. In Deutschland fand man diese Betriebe damals vor allem in Baden, Württemberg, Elsass-Lothringen und Bayern, also in Regionen, die auch heute noch für die Herstellung hochwertiger Destillate bekannt sind.

Schon damals war der Hauptanteil der Obstbrennereien an landwirtschaftliche Betriebe gebunden, die auf einfache Art und Weise mit direkter Befeuerung eine Kupferblase beheizten und durch mehrfache Destillation versuchten, ein trinkbares Produkt zu erzeugen. Die Vergärung der Obstrohstoffe erfolgte nicht selten in einfachen Zementgruben, die nach beendeter Gärung mit Lehm verschlossen wurden. „Nicht ohne wesentlichen Einfluss auf die Qualität des Destillates, sowie auf die Ersparnis an Arbeit und Zeit bei der Destillation selbst, sind die verwendeten Destillierapparate", bemerkte schon der Oenotechniker Antonio dal Piaz 1894 in einer kleinen Abhandlung über die Obst und Beerenbranntwein-Brennerei und erkannte damit den Verbesserungsbedarf der Brenngeräte zur Erzeugung hochwertiger Obstbrände. Nur durch ständige technische Verbesserungen ist es möglich geworden, heutzutage in einem Arbeitsschritt aus einer vergorenen Obstmaische ein wohlschmeckendes Destillat zu erzeugen.

Die Destillationsgeräte des frühen Mittelalters waren einfache Apparaturen mit denen mit mehr oder weniger großem Erfolg versucht wurde, Alkohol aus Wein abzutrennen und zu verstärken. Entscheidend war die Entdeckung der physikalischen Zusammenhänge

Modernes Brenngerät.

Alte, eingemauerte Brennerei, an deren Destillationsprinzip des Rau- und Feinbrennens sich bis heute nicht viel geändert hat.

bei der Destillation, nämlich, dass sich der Alkohol durch Erhitzen des Weins im Dampf anreichert und durch Kühlung als alkoholreiche Flüssigkeit gewinnen lässt. Lange Zeit gab es nur sehr einfache Destillationsgeräte, die aufgrund der Ähnlichkeit mit den spitzen Kopfbedeckungen der Damen dieser Zeit als „Rosenhut" bezeichnet wurden. Sie bestanden aus einer Feuerstelle und einem Topf, der nach oben in einen hohen kegelförmigen Helm überging. Im Topf wurde der Wein erhitzt, die Dämpfe kondensierten an der kalten Oberfläche des Helms und die alkoholreiche Flüssigkeit wurde schließlich in einer unten im Helm verlaufenden Rinne gesammelt und in einem kurzen Abflussrohr nach außen geleitet. Später wurde das Abflussrohr zum Geistrohr verlängert und zur Kühlung durch ein Wasserfass geleitet. Hochprozentiger Alkohol ließ sich mit diesen Apparaturen nur durch mehrmalige Destillation der gewonnenen alkoholischen Flüssigkeit gewinnen.

1815 erfand Pistorius ein Brenngerät, bei dem die alkoholischen Dämpfe über ein oder mehrere Rückflußkühler geleitet und verstärkt wurden. Mit dieser Apparatur ließ sich erstmals hochprozentiger Alkohol direkt aus der Maische gewinnen, er legte damit die Grundlage zur industriellen Alkoholproduktion.

RECHTLICHE GRUNDLAGEN

Auszug wichtiger rechtlicher Grundlagen der Abfindungsbrennereien

Am 31.12.2017 wurde das Branntweinmonopolgesetz aufgehoben, wodurch sich umfangreiche Änderungen im Bereich der Abfindungsbrennerei und für Stoffbesitzer ergeben haben. Seit 1.1.2018 gilt das Alkoholsteuergesetz. Das Zolljahr oder Brennjahr wird nun in Kalenderjahren gerechnet und dauert jeweils vom 1. Januar bis zum 31. Dezember. Das Kontingent wird im Kalenderjahr gerechnet. Der Abschnitt verkürzt sich dann auf drei Jahre.

Die wesentliche Änderung für die Kleinbrenner ist der Wegfall der Ablieferung. Bisher abgelieferte Brände wie Kernobst, Weinhefe, Weintrester oder Getreide müssen versteuert und vermarktet oder an den Handel verkauft werden. Eine Erlaubnis unter Abfindung zu brennen kann nicht mehr verkauft oder gekauft werden. Die Zuteilung erfolgt durch den Zoll. Nach wie vor braucht man für diese neue Zuteilung dieser Erlaubnis einen landwirtschaftlichen Betrieb in einer bestimmten Betriebsgröße und den notwendigen Obstertrag. Die Betriebsgröße beträgt dann für die Erteilung dieser Erlaubnis unter Abfindung zu brennen einheitlich 1,5 ha Obstanlagen oder 1,5 ha Reben oder 3 ha Wiese oder 3 ha Ackerland für ganz Deutschland. Es wird dann die Vergünstigung unter Abfindung zu brennen zugeteilt. Der Inhaber dieser Vergünstigung kann dann den Betrieb auf ein Viertel der oben genannten Fläche verkleinern. Bei Übergabe, Verkauf oder Verpachtung des Betriebs mit der Übergabe der Brennerei muss der neue Besitzer die Erlaubnis wieder neu beantragen und braucht dann wieder die 1,5 ha Sonderkulturen bzw. 3 ha Landwirtschaft. Eine Bedingung an die Anzahl der Bäume besteht nicht. Auch das Stoffbesitzerbrennen ist dann in ganz Deutschland möglich.

Zugelassene Brennrechte erhielten automatisch zum 1.1.2018 die nötige verbrauchssteuerrechtliche Erlaubnis zum Betrieb einer Abfindungsbrennerei. Auch die Obstabfindungsbrennereien mit einer Erzeugungsgrenze von 50 l.A. erhielten diese Erlaubnis und somit ein Jahreskontingent von 300 l.A. Für die Erreichung der notwendigen Betriebsgröße gibt es eine Übergangsfrist bis 31.12.2027 für diese von 50 auf 300 Liter umgewandelte Vergünstigungen.

Das Lohnbrennen und das Vereinfachte Lohnbrennen wird es nach wie vor geben. Der Kontingentsgeber und der Kontingentsnehmer müssen beim Vereinfachten Lohnbrennen nicht mehr aus dem gleichen Hauptzollamtsgebiet kommen.

Die Brennblasengröße ist bei Kleinbrennern in Zukunft nicht mehr auf 150 Liter eingeschränkt. Auch ist die Anzahl der Destillierböden nicht mehr limitiert und es können auch mehr als die bisher erlaubten drei Böden eingebaut werden. Somit kann das Brenngerät individuell auf die Bedürfnisse des Destillateurs angepasst werden.

Beibehalten wird das System der „Pauschalbesteuerung“ nach im Voraus festgelegten amtlichen Ausbeutesätzen gemäß zugelassenen Rohstoffen. Die amtliche Rohstoffliste findet man z. B. im Internet unter www.zoll.de.

Zu beachten ist, dass die private Herstellung von Alkohol durch Destillation in Deutschland verboten ist (Infos unter www.zoll.de).

Unterschied: Abfindungs- und Verschlussbrennerei

Der Begriff der **Abfindungsbrennerei** ist in der Brennereiordnung wie folgt definiert:

„In den Abfindungsbrennereien wird unter Verzicht auf Verschlüsse die Menge des herzustellenden Branntweines amtlich geschätzt. Dies geschieht in der Weise, dass die Alkoholmenge aus der Menge der Rohstoffe, die zur Branntweinerzeugung bestimmt sind, und aus dem zutreffenden Ausbeutesatz berechnet wird.“

Das heißt, für jede Frucht wird die zu erwartende Alkoholausbeute gesetzlich festgelegt, der sogenannte **Ausbeutesatz**. Bei Kirschen beträgt er z. B. 5 l reinen Alkohol pro 100 l Maische. Werden also 100 l vergorene Kirschmaische zum Brennen angemeldet, muss für 5 l Alkohol Branntweinsteuer bezahlt werden. Wird bei der Destillation mehr Alkohol gewonnen – was bei Brennkirschen durchaus der Fall sein kann – unterliegt dieser Alkohol nicht der Besteuerung. Vor der Destillation muss der Brand angemeldet werden, dabei geht man wie folgt vor: In ein Formblatt – die sogenannte **Brennereianmeldung** – trägt man die Art und die Menge (in Litern) des vergorenen Materials ein. Das Gefäß muss genau gekennzeichnet werden und das Gesamtvolumen bekannt sein. Auch diese Daten werden eingetragen. Zusammen mit dem Tag des Brennens und eventueller weiterer Abtriebe (Destillationsvorgänge) wird die vorgesehene Brennzeit eingetragen. Hier werden für einen Abtrieb bei bereits warmer Brennerei normalerweise 2,5 bis 3 Stunden genehmigt, was für ein qualitativ einwandfreies Produkt auch durchaus notwendig ist. Dieser amtliche Vordruck wird unterschrieben und an das Hauptzollamt Stuttgart, Sachgebiet B – Arbeitsgebiet Abfindungsbrennen, gesandt. Bei korrekten Daten wird die Destillation des angegebenen Materials am angegebenen Tag im entsprechenden Zeitraum genehmigt und die dafür zu entrichtende Steuer eingezogen. Beim Brennen von Material von Stoffbesitzern (siehe unten) ist die Vorgehensweise ähnlich.

Da die erzeugbare Alkoholmenge in Abfindungsbrennereien auf maximal 300 l Alkohol begrenzt ist – ursprünglich auch nur als Nebenerwerb für landwirtschaftliche Betriebe gedacht war –, reicht diese Menge für viele Betriebe mit guter Vermarktung nicht aus. In diesem Fall besteht die Möglichkeit der Errichtung einer **Verschlussbrennerei**, bei der bis zu einem Alkoholvolumen von 400 l zu einem begünstigen Steuersatz (Achtung: Vor- und Nachlauf sind in dieser Menge inkludiert) gearbeitet werden darf. Wird diese Menge überschritten, ist die normale Alkoholsteuer fällig, wobei die erzeugte Alkoholmenge dann nicht mehr begrenzt ist. Allerdings sind Verschlussbrennereien – wie der Name schon sagt – so gestaltet, dass der Betreiber keine Möglichkeit hat, unversteuerten Alkohol abzunehmen. Dies begründet eine entsprechend aufwendige Anlagenkonstruktion und Sicherung:

Die Brennereianlage wird mit Zollverschlüssen, Plomben oder Siegeln verschlossen. Der gewonnene Alkohol wird automatisch mengenmäßig erfasst, indem er über eine Messuhr bzw. in ein Sammelgefäß fließt. Wird Alkohol entnommen, muss genau diese Menge versteuert werden.

Wer ist Stoffbesitzer?

Als „Stoffbesitzer" gilt eine Person, die kein eigenes Brenngerät besitzt und Maische aus selbst gewonnenen Obststoffen in einer fremden Brennerei verarbeiten lässt. In einem Betriebsjahr dürfen Stoffbesitzer nicht mehr als **50 Liter Alkohol** herstellen. Unter **selbst gewonnenen Rohstoffen** versteht der Gesetzgeber Obst oder Beeren, welche vom Stoffbesitzer als Eigentümer oder Pächter geerntet oder von ihm oder seinen Beauftragten gesammelt werden, z. B. wildwachsende Beeren und Wurzeln. Als selbst gewonnen gelten auch Stoffe wie Wein, Weinhefe und Weintrester, wenn sie in einem auf eigene Rechnung geführten Betrieb erzeugt wurden. Wichtig ist dabei, dass nur **eine** Person eines gemeinsamen Haushaltes berechtigt ist, selbst gewonnene Stoffe zu Alkohol verarbeiten zu lassen.

Das neue Spirituosenrecht

Gültig in der EU ist die VERORDNUNG (EU) 2019/787 DES EUROPÄISCHEN PARLAMENTS UND DES RATES vom 17. April 2019 über die Begriffsbestimmung, Bezeichnung, Aufmachung und Kennzeichnung von Spirituosen, die Verwendung der Bezeichnungen von Spirituosen bei der Aufmachung und Kennzeichnung von anderen Lebensmitteln, den Schutz geografischer Angaben für Spirituosen und die Verwendung von Ethylalkohol und Destillaten landwirtschaftlichen Ursprungs in alkoholischen Getränken sowie zur Aufhebung der Verordnung (EG) Nr. 110/2008. Darin finden sich viele nützliche Informationen über die einzelnen Spirituosenkategorien mit entsprechenden Begriffsbestimmungen.

Obstbrand ist eine Spirituose, die ausschließlich durch alkoholische Gärung und Destillation einer frischen fleischigen Frucht *(mit oder ohne Stein)*, frischen Mosts, von Beeren und *Gemüse*, gewonnen wird.

Unter „Obst" werden alle Arten (Kern-, Stein- und Beerenobst) verstanden. Es darf auch Gemüse verarbeitet werden.

Obstbrände aus nur einer Frucht sind als „-brand" oder „-wasser" zu bezeichnen, unter Voranstellung der verwendeten Obst-, Beeren- oder Gemüseart. Ebenfalls ist es zulässig, bei Bränden von Kirschen, Mirabellen, Pflaumen, Zwetschen, Williamsbirnen und Golden-Delicious-Äpfeln die Verkehrsbezeichnung ohne „-brand" oder „-wasser" zu verwenden.

Werden die Maischen zweier oder mehrerer Obst-, Beeren- oder Gemüsearten zusammen destilliert, so erhält das Erzeugnis die Verkehrsbezeichnung „Obstbrand" bzw. „Gemüsebrand". Ergänzend können die einzelnen Obst-, Beeren- oder Gemüsearten in absteigender Reihe der verwendeten Mengen angeführt werden. „Obstler" oder „Obstwasser" als alleinige Angaben sind nicht erlaubt.

Methanolgehalte:
Obstbrände: 1000 g/hl r.A.
Pflaume, Mirabelle, Zwetsche, Äpfel, Birnen (Ausnahme Williams), Himbeeren, Brombeeren, Aprikosen, Pfirsiche: 1200 g/hl r.A.
Williamsbirnen, Rote und Schwarze Johannisbeeren, Vogelbeeren, Holunder, Quitten, Wacholderbeeren: 1350 g/hl r.A.
Der von der EU-Kommission vorgegebene Zielwert für Ethylcarbamat bei Steinobstbränden liegt bei 1 mg/l.
Mindestalkoholgehalt: 37,5 %vol
Aromatisierung und Zusatz von Neutralalkohol ist nicht zulässig.
Obstbrände dürfen bis zu 18 g/Liter Zucker (als Invertzucker) im fertigen Produkt enthalten. Allerdings ist bei Produkten mit geografischer Angabe eine Zuckerung verboten.

Einige weitere interessante Regelungen gelten z. B. bei einem Brand aus Obsttrester, dessen Methanolgehalt 1500 g/hl r.A. nicht überschreiten darf und 37,5 % Mindestalkoholgehalt haben muss.

Der zulässige Blausäure-Höchstgehalt in Obstbränden beträgt 7 g/hl r.A.

Geist

(mit der Bezeichnung der verwendeten Frucht)
Geiste werden aus nachfolgend aufgeführten unvergorenen Früchten oder Beeren hergestellt, die durch Mazeration gewonnen werden:
Obst: Apfelbeeren oder Aronia, Schwarze Apfelbeeren (Aronia melanocarpa (Michx.) Elliott), – Kastanien (Castanea sativa Mill.), – Zitrusfrüchte (Citrus spp.), – Haselnüsse (Corylus avellana L.), – Schwarze Krähenbeeren (Empetrum nigrum L.), – Erdbeeren (Fragaria spp.), – Sanddorn (Hippophae rhamnoides L.), – Stechpalme (Ilex aquifolium und Ilex cassine L.), – Kornelkirschne (Cornus mas), – Walnüsse (Juglans regia L.), – Bananen (Musa spp.), – Myrte (Myrtus communis L.), – Kaktusfeigen (Opuntia ficus-indica (L.) Mill), – Passionsfrüchte (Passiflora edulis Sims), – Traubenkirschen (Prunus padus L.), – Schlehen (Prunus spinosa L.), – Schwarze Johannisbeeren (Ribes nigrum L.), – Weiße Johannisbeeren (Ribes niveum Lindl.), – Rote Johannisbeeren (Ribes rubrum L.)– Stachelbeeren (Ribes uva-crispa L. syn. Ribes grossularia), – Hagebutten (Rosa canina L.), – Allackerbeeren (Rubus arcticus L.), –

Empfehlung des Autors zur Herstellung von Obstgeisten

Bei der Herstellung von Beerengeisten werden unterschiedlichste Verhältnisse Frucht/Alkohol verwendet.
In der Praxis hat sich zur Herstellung hochwertigster Geiste ein Verhältnis von drei Teilen Frucht zu einem Teil 96%igem Neutralalkohol bewährt. Bei weichen Früchten kann der Ansatz sofort 1:1 mit Wasser verdünnt und abdestilliert werden. Bei festerer Rohware hat sich eine Mazerationszeit von 3 Tagen bewährt. Zur Herstellung von Nussgeisten muss generell mehr Wasser bei der Mazeration verwendet werden.

Moltebeeren (Rubus chamaemorus L.), – Brombeeren (Rubus sect. Rubus), – Himbeeren (Rubus idaeus L.), – Holunder (Sambucus nigra L.), – Vogelbeeren (Sorbus aucuparia L.), – Speierling (Sorbus domestica L.), – Elsbeeren (Sorbus torminalis (L.) Crantz), – Cythera-Pflaumen (Spondias dulcis Parkinson), – Mombinpflaumen (Spondias mombin L.), – Amerikanische Heidelbeere (Vaccinium corymbosum L.), – Gewöhnliche Moosbeere (Vaccinium oxycoccos L.), – Heidelbeeren (Vaccinium myrtillus L.), – Preiselbeeren (Vaccinium vitis-idaea L.)

Gemüsearten: z. B. Karotten, Sellerie, Spargel.

Alle Nussarten: z. B. Haselnüsse, Walnüsse.

Sonstige pflanzliche Ausgangserzeugnisse: z. B. Kräuter oder Rosen.

Nicht zulässig sind: Williamsgeist, Quittengeist, Aprikosengeist, Pfirsichgeist.

Zur Herstellung darf nur neutraler Ethylalkohol landwirtschaftlichen Ursprungs verwendet werden. Kein Obst- oder Korndestillat. Aromatisierung ist verboten.

Mindestalkoholgehalt 37,5 %vol

Pflichtangaben auf dem Etikett

(Quelle: EU-Spirituosenverordnung VO (EG) Nr. 110/2008)

Wer Produkte auf den Markt bringt, ist für die gesetzeskonforme Kennzeichnung verantwortlich. Für Spirituosen gilt folgendes.

Name und Anschrift des Herstellers, Abfüllers oder Händlers. Diese müssen so aufgeführt sein, dass eindeutige postalische Nachforschungen möglich sind.

Alkoholgehalt: in %vol mit einer Abweichung vom tatsächlich vorhanden Wert maximal um 0,3 %vol nach oben oder unten.

Angabe der Losnummer

Nennfüllmenge: für Spirituosen sind nur bestimmte Nennfüllmengen zugelassen, z. B. 0,1 l, 0,2 l, 0,35 l, 0,5 l, aber nicht 0,25 l. Weiterhin sind Mindestschriftgrößen vorgeschrieben, z. B. 0,2 l bis 1,0 l in 4 mm.

Verkehrsbezeichnung: z. B. „Mirabelle“, Nennfüllmenge und Alkoholgehalt sind im gleichen Sichtfeld anzubringen.

INHALTSSTOFFE VON FRÜCHTEN UND BRÄNDEN UND DEREN CHEMISCHE EIGENSCHAFTEN

Zu 80 bis 90 % bestehen die Früchte, die in der Obstbrennerei verarbeitet werden, aus Wasser. Der Rest, die Trockensubstanz, setzt sich aus Kohlenhydraten, Ballaststoffen, Eiweiß, Fett, organischen Säuren, Mineralstoffen, Vitaminen und Aromastoffen zusammen. Die Gehalte schwanken dabei je nach Standort, Klima und Wetter stark. Bei der Auswahl der Früchte zum Brennen ist vor allem ein hoher Gehalt an vergärbaren Zuckern (Kohlenhydraten) und flüchtigen Aromastoffen entscheidend. Der Gehalt an Zucker und Aroma nimmt mit der Reife der Früchte zu. Daher sollten nur vollreife Früchte – allerdings ohne Faul- und Schimmelstellen – verarbeitet werden.

An **Säuren** kommen in den Früchten vor allem Apfel-, Zitronen- und Weinsäure vor, wobei Kern- und Steinobst vor allem Apfelsäure enthält, bei Beeren dagegen die Zitronensäure überwiegt. In Trauben kommt – was nahe liegt – neben Apfelsäure vor allem Weinsäure vor. Werden die Früchte frisch verzehrt oder zu Saft- und Wein verarbeitet, so ist das Verhältnis des Zucker- und Säuregehalts für einen harmonischen Geschmack wichtig. Bei der Destillatherstellung spielt das keine Rolle, da der Zucker in Alkohol umgewandelt wird und die organischen Säuren nicht überdestilliert werden. Der Säuregehalt der Maischen spielt eine wichtige Rolle als Schutz vor Verderb durch Bakterien. So sind Maischen aus säurereichen Früchten, z. B. Äpfeln, weniger anfällig als Maischen aus säurearmen Früchten, z. B. Williams-Christ-Birnen. Essig- und Milchsäure kommen in gesunden Früchten nicht vor. Sie werden von Mikroorganismen gebildet und sollten in einer Obstmaische nach Möglichkeit nicht enthalten sein.

Der **Eiweiß**- und Fettgehalt der Früchte ist gering. Unter dem Begriff Eiweiß fasst man Proteine, Peptide und Aminosäuren zusammen. Wegen ihres Stickstoffgehalts sind sie als Hefenährstoffe für die Vergärung von Bedeutung. Nicht immer sind in den Früchten genügend stickstoffhaltige Verbindungen vorhanden. Dann kann es zu Gärstockungen oder Fehlgärungen kommen, was zu Alkoholverlusten und Aromafehlern führen kann. Um einem Mangel vorzubeugen, werden daher bei der Weinherstellung dem Saft oder der Maische sogenannte Hefenährsalze zugesetzt, was allerdings in deutschen Abfindungsbrennereien nicht erlaubt ist.

Den Vitaminen und den Mineralstoffen kommt eine ähnliche Bedeutung zu wie dem Eiweißgehalt. Wobei der Mineralstoffgehalt der Früchte normalerweise für die Ernährung der Hefe ausreichend ist. Ein Mangel kann dagegen bei den Vitaminen der B-Gruppe auftreten, die als wichtige Wuchsstoffe für die Hefe gelten.

Kohlenhydrate

Während des Maischprozesses werden die Kohlenhydrate in Alkohol umgewandelt, daher sind sie für Obstbrenner von großem wirtschaftlichen Interesse. Kohlenhydrate werden von den Pflanzen durch die Photosynthese aus Kohlendioxid, Wasser und Licht gebildet und von den Pflanzen in unterschiedlicher Form gespeichert. Alle Kohlenhydrate bestehen aus einzelnen Zuckerbausteinen, die zu mehr oder weniger langen Ketten verknüpft sind. Sie bestehen ausschließlich aus Kohlenstoff und Wasser (griech. hydra = Wasser) woraus sich auch der Name ableitet. Die wichtigsten Zuckerbausteine sind aus sechs Kohlenstoffatomen aufgebaut. Je nachdem wie viele Zuckerbausteine miteinander verknüpft sind, spricht man von Monosacchariden (aus einem Zuckerbaustein), Disacchariden (aus zwei Zuckerbausteinen) oder Polysacchariden (aus vielen Zuckerbausteinen).

Für die Obstbrennerei sind vor allem die Monosaccharide Glucose (Traubenzucker) und Fructose (Fruchtzucker) von Bedeutung sowie die Disaccharide Saccharose (Haushaltszucker) und Maltose (Malzzucker). Saccharose besteht aus den Zuckerbausteinen Glucose und Fructose, Maltose ist aus zwei Glucosebausteinen aufgebaut. Die genannten Mono- und Disaccharide können von den meisten Hefen vergoren werden. Für Hefen nicht vergärbar sind dagegen Polysaccharide. Sie müssen vor der Vergärung in kleinere Zuckerbausteine gespalten werden. Das wichtigste Polysaccharid ist Stärke, die aus langen und zum Teil verzweigten Glucosebausteinen besteht. Zu den stärkehaltigen Rohstoffen gehören Kartoffeln und die verschiedenen Getreidesorten, wobei sich die Struktur und damit die Verarbeitung der einzelnen Rohstoffe erheblich unterscheiden. Für die Obstbrennerei ist dies nicht von Bedeutung.

Im Unterschied zu Obstrohstoffen, in denen Zucker frei vergärbar vorliegt, muss der stärkehaltige Rohstoff in einem aufwändigen Maischverfahren aufgeschlossen werden.

Die einzelnen Kohlenhydrate kommen in den verschiedenen Obstsorten in unterschiedlichen Verhältnissen vor. Bei Äpfeln und Birnen kommt neben Glucose und Saccharose vor allem Fructose vor. Kirschen enthalten Glucose und Fructose etwa im Verhältnis 1 zu 1. Bei Pflaumen kommt dagegen auch Saccharose in beachtlicher Menge vor und bei Pfirsichen dominiert die Saccharose sogar. Trauben enthalten dagegen fast keine Saccharose. Ihr Zuckergehalt setzt sich ausschließlich aus Glucose und Fructose zusammen.

In unreifem Obst kommt auch Stärke vor. Diese erweist sich bei der Verarbeitung als störend, da sie beim Brennen ein Belag auf der Kupferoberfläche der Blase bildet.

In vielen Obstsorten ist neben den vergärbaren Zuckern auch **Sorbit** enthalten. Sorbit ist ein sogenannter Zuckeralkohol, der von Hefen nicht vergoren werden kann. Bei der Bestimmung des Gesamtzuckergehalts wird Sorbit aber mit erfasst und täuscht damit einen höheren zu erwartenden Alkoholgehalt vor.

Pektin

Pektin ist ein Bestandteil der Zellwand von Pflanzen. Es besteht aus langen Ketten der Galakturonsäure, die zum Teil mit Methanol verestert sind. Im Haushalt nutzt man die gelierenden Eigenschaften des Pektins zur Herstellung von Marmelade. Pektinreiche Früchte eignen sich daher besonders gut zur Marmeladeherstellung. Gelierzucker ist Haushaltszucker, dem Pektin zugesetzt wurde. In der Obstbrennerei müssen die langen Pektinketten dagegen bei der Verarbeitung zerstört werden, da nur dann die Früchte ihren zuckerreichen Saft vollständig abgeben können. Dazu werden die Früchte zunächst zerkleinert und zur besseren Verflüssigung ein Enzympräparat, eine Pektinase, zugesetzt, das die Pektinkette weiter aufspaltet (siehe unten). Dabei wird auch Methanol freigesetzt.

Enzyme

Enzyme sind Eiweißstoffe (Proteine), die chemische Reaktionen einleiten können. Da die Enzyme dabei nicht verbraucht werden, bezeichnet man sie auch als Biokatalysatoren. Allerdings werden sie durch bestimmte Stoffe, wie Alkohol oder Säure, deren Entstehung sie oft selbst katalysiert haben, gehemmt oder durch Hitze zerstört. Dabei hat jedes Enzym nur eine ganz bestimmte Wirkung, d.h. eine Pektinase katalysiert den Pektinabbau, eine Amylase den Stärkeabbau, eine Protease den Proteinabbau. Man unterscheidet die Enzyme aber auch noch weiter aufgrund ihrer ganz speziellen Wirkung. So gibt es z. B. verschiedene Pektinasen, je nachdem an welcher Stelle sie die Pektinkette spalten. Jedes Enzym hat ein Optimum bei einer bestimmten Temperatur und einem bestimmten pH-Wert.

Enzyme spielen in der Biochemie von Lebewesen eine wichtige Rolle. Eine Hefezelle bildet viele verschiedene Enzyme. Erst durch das Zusammenspiel dieser Enzyme ist eine Umwandlung von Zucker in Alkohol und Kohlendioxid möglich. Auch das Obst, das in der Brennerei verarbeitet wird, enthält für die Vergärung wichtige Enzyme, z. B. Pektinasen. Da aber die fruchteigenen Enzyme nicht immer ausreichen, um einwandfreie Maischen herzustellen, können der Maische verschiedene Enzympräparate zugesetzt werden. Bei diesen Präparaten handelt es sich meist um ein Enzymgemisch mit einer Hauptwirkung und mehr oder weniger erwünschten Nebenwirkungen. Es sind z. B. Pektinasen im Handel, die neben einer Pektinspaltung zusätzlich gebundene Terpene abspalten.

Pektinase

Pektinasen kommen in reifen Früchten vor. Doch oft reicht der fruchteigene Gehalt nicht, um eine gleichmäßige dünnbreiige Maische herzustellen. Bei vielen Früchten empfiehlt sich daher der Zusatz eines **Enzympräparats**. Vor der Anwendung sollten unbedingt die Empfehlungen des Herstellers, insbesondere hinsichtlich des optimalen pH-Werts beachtet werden. Meist wird die erforderliche Menge in wenig Wasser gelöst und unter das frisch zerkleinerte Obst gut untergerührt. Erst danach – eventuell einige Stunden warten – sollte die Maische angesäuert und die Hefe zugesetzt werden. Der Zusatz einer Pektinase lohnt sich in mehrfacher Hinsicht:

- Die flüssige Maische lässt sich besser pumpen,
- die Maische gärt schneller an und besser durch,
- es bildet sich keine Trubdecke auf der Maische und
- es ist eine geringfügig höhere Alkoholausbeute zu erwarten.

Der wirksame Temperaturbereich für die Enzymanwendung liegt bei 15 bis 40 °C. Sofern die Maischetemperatur unter 15 °C liegt, sollte die Einsatzmenge um 50 % gesteigert werden. Pektinasen in Pulverform sind besser lagerfähig, da sie nicht so schnell verschimmeln wie flüssige Präparate.

Amylase

Amylasen spielen vor allem bei der Verarbeitung von Getreide oder Kartoffeln zu Alkohol eine wichtige Rolle. In der Obstbrennerei kommen Amylasepräparate nur zum Einsatz bei unreifen Äpfeln und Birnen, die noch Stärke enthalten, da Stärke in der Brennblase einen Belag bildet und die Maische leicht anbrennt. Dieser Belag erschwert den Wärmeübergang, und dadurch kann die Maische anbrennen, was zu unangenehmen Aromen im Destillat führt. Bei der Verarbeitung unreifer Früchte muss die Stärke daher durch den Zusatz von Enzymen in kleinere Zuckerbausteine gespalten werden. Normalerweise wird die Amylase vor dem Brennen direkt in die Brennblase gegeben.

Ethanol

In der Chemie bezeichnet man als Alkohol irgendein Mitglied der Stoffgruppe der Alkohole. In der Umgangssprache steht der Begriff für Ethanol (Äthylalkohol, C_2H_5OH) und wird auch in diesem Buch in diesem Sinne gebraucht. Im Gemisch mit Wasser wird Alkohol häufig als Sprit bezeichnet. In älterer Literatur findet man oft auch Begriffe wie Branntwein oder Weingeist.

Alkohol entsteht als Hauptprodukt bei der Vergärung von Zucker durch Hefen und stellt eine farblose Flüssigkeit mit einem eigentümlich süßlichen Geruch und brennendem Geschmack dar. Alkohol ist mit Wasser in jedem Verhältnis unter Kontraktion mischbar. Der Siedepunkt beträgt unter Normalbedingungen 78,3 °C. Alkoholdämpfe sind nicht nur brennbar, sondern im Gemisch mit Luft innerhalb eines bestimmten Mischungsbereich (von 3,1 %vol Alkohol im Dampf-Luft-Gemisch bis 19 %vol) auch explosionsfähig. Beim Umgang mit hochprozentigem Alkohol können schon bei üblichen Raumtemperaturen entflammbare alkoholische Dämpfe entstehen. Außerdem ist zu beachten, dass Alkoholdämpfe 1,6-mal schwerer als Luft sind und sich daher am Fußboden des Raumes sammeln.

Methanol

Der neben Ethanol und Wasser mengenmäßig wichtigste Inhaltsstoff ist das Methanol. Methanol ist giftig und daher in Destillaten unerwünscht. Allerdings ist die durch den Genuss von Obstbränden zugeführte Menge meist unbedenklich. Trotzdem hat der Gesetzgeber für Obstbrände einen Höchstgehalt von 1000 mg/l reinen Alkohol festgelegt. Nur für einige Früchte gelten etwas höhere Grenzwerte. In der Frucht liegt Methanol an Pektin gebunden vor. Es wird bei der Verarbeitung und Gärung durch fruchteigene und zur Verflüssigung zugesetzte Pektinasen freigesetzt. Maischen aus pektinreichen Obstsorten, z. B. Williams-Christ-Birnen, Quitten, Johannisbeeren, weisen höhere Gehalte an Methanol auf, als Maischen aus pektinarmen Sorten, z. B. Kirschen. Der Methanolgehalt wird immer in Abhängigkeit des gebildeten Ethanols angegeben (in g/l reiner Alkohol), daher sind Obstbrände aus Früchten mit einem hohen Pektin- und einem geringen Zuckergehalt, z. B. Vogelbeeren, besonders gefährdet, die Grenzwerte zu überschreiten. Mit den für die Abfindungsbrennerei zugelassenen einfachen Brenngeräten ist eine destillative Abtrennung kaum möglich, da sich Methanol bei der Destillation sehr ähnlich wie Ethanol verhält. Bei kritischen Produkten empfiehlt es sich deshalb, eine Methanolanalyse zu veranlassen, bevor man sie in den Verkehr bringt.

Bei langsamer Destillationsweise tritt Alkohol hochprozentig an der Vorlage aus dem Brenngerät aus.

Als praktisches Beispiel für die Methanolproblematik sei das analytische Untersuchungsergebnis eines Vogelbeerbrandes genannt. Es wurde ein Methanolgehalt von 1867 mg/l reinem Alkohol ermittelt. Gesetzlich zulässig ist für einen Vogelbeerbrand ein Höchstgehalt von 1350 mg/l reinem Alkohol. Dieser wurde also um 517 mg/l reinen Alkohols überschritten. Das Produkt entspricht damit nicht mehr den Anforderungen für einen Obstbrand und darf nicht die Bezeichnung „Vogelbeerbrand" tragen. Der Hersteller, der dieses Produkt in den Verkehr gebracht hatte, musste eine Geldbuße zahlen, sowie die Kosten des Verfahrens tragen. Da für die Verkehrsbezeichnungen „Spirituose" oder „alkoholisches Getränk" keine Höchstwerte für Methanol vorgesehen sind, kann das Vogelbeerdestillat noch unter diesen Verkehrsbezeichnungen vermarktet werden.

Bei der Herstellung von Obstbränden aus Blaubeeren, Brombeeren, Erdbeeren, Hagebutten, Himbeeren, Holunderbeeren, Johannisbeeren, Mehlbeeren, Schlehen, Vogelbeeren und den Früchten der Stechpalme darf der unvergorenen oder noch gärenden Maische bis zu 20 l Neutralalkohol zugesetzt werden. Eine gute Möglichkeit den Methanolgehalt zu reduzieren, da durch die Alkoholzugabe der Methanolgehalt im Verhältnis zum Alkoholanteil abnimmt. Meist ist schon eine Zugabe von 3 bis 5 l/100 l Maische ausreichend. Das Destillat darf als „-brand" bezeichnet werden, allerdings nur mit dem Zusatz „durch Einmaischen und Destillieren gewonnen".

Ethylcarbamat

Ethylcarbamat, auch Urethan genannt, findet sich vor allem in Spuren in **Steinobstbränden**. Da Ethylcarbamat als krebserregend gilt, werden in Deutschland Obstbrände beanstandet, die mehr als 1 mg/l Ethylcarbamat enthalten. Als Vorstufen von Ethylcarbamat gelten Blausäure und ihre Salze. Diese kommen vor allem aus den Steinen der Steinfrüchte und gehen bei der Verarbeitung ins Destillat über. Unter Beteiligung anderer Inhaltsstoffe des Destillats, z. B. Alkohol und Benzaldehyd, wird Blausäure durch den Wärmeeinfluss bei der Destillation oder durch Lichteinfluss bei der Lagerung zu Ethylcarbamat umgesetzt.

Bei der Herstellung von Steinobstbränden müssen Maßnahmen ergriffen werden, um den Gehalt an Ethylcarbamat möglichst gering zu halten. Beim Einmaischen sollten deshalb die Steine möglichst nicht zerstört oder ganz abgetrennt werden. Durch Abtrennung der Blausäure bei der Destillation lässt sich der Ethylcarbamatgehalt der Maischen sehr effektiv reduzieren: Blausäure reagiert mit der Kupferoberfläche des Brenngeräts zu schwerflüchtigen Kupferverbindungen, die nicht mehr überdestilliert werden können. Um die Kupferoberfläche im Brenngerät zu erhöhen, empfiehlt sich der Einbau eines sogenannten Katalysators. Die gleiche Wirkung haben kupferhaltige Salze, die vor der Destillation direkt zur Maische gegeben werden, z. B. Cyanurex.

Außerdem sollten die Destillate lichtgeschützt gelagert werden, z. B. im Keller, in dunklen Flaschen oder in Umkartons.

Aromastoffe

Obstbrände enthalten neben Ethanol einige hundert weitere flüchtige Stoffe. Zum Teil kommen sie nur in sehr geringer Konzentration (unter 0,01 mg/100 ml) vor, doch erst das Zusammenspiel aller Komponenten bewirkt den typischen, unverwechselbaren Charakter eines Obstbrands. Da die Obstbrände aus reinen Obstmaischen ohne Zusätze hergestellt werden, handelt es sich bei allen Aromakomponenten eines Obstdestillats durchweg um flüchtige Stoffe der Maische. Die Aromen eines Obstbrands lassen sich aufgrund ihres Entstehungszeitpunkts einteilen:

- Verbindungen, die aus der Frucht stammen und unverändert im Destillat vorliegen – z. B. Williamsester, Terpene.
- Verbindungen, die während der Gärung und Maischelagerung durch den Stoffwechsel der Hefe und anderer enzymatischer Prozesse gebildet werden, z. B. Acetaldehyd, Alkohole, Ester und Säuren. Diese Gruppe macht die Hauptmenge des Obstbrandaromas aus. Da diese Stoffe überwiegend aus dem Stoffwechsel der Hefe stammen, kommen sie auch in anderen vergorenen Getränken vor. Für ihre Bildung ist nicht der Rohstoff entscheidend, sondern die Heferasse.
- Verbindungen, die während der Destillation und Destillatlagerung entstehen, z. B. Ethylcarbamat, Ester, Acetale.

Chemisch sind die Aromastoffe den Alkoholen, Aldehyden, Estern und Säuren zuzuordnen.

Neben Ethanol sind für das Aroma eines Obstbrands auch die höheren Alkohole wichtig, wohl besser bekannt unter dem Begriff Fuselöle oder Fuselalkohole. Im weiteren Sinne gehören auch die **Terpene** zur Gruppe der Alkohole. Hierbei handelt es sich durchweg um sehr angenehm, meist blumig riechende Stoffe. Sie kommen schon in der Frucht vor und gehen unverändert ins Destillat über. Allerdings nur in sehr geringen Mengen, daher ist ihre Bedeutung für das Aroma von Obstbränden umstritten.

Unter **Estern** wird eine große Gruppe von Verbindungen mit ähnlicher chemischer Struktur aber sehr unterschiedlichen Aromaeigenschaften zusammengefasst. Leichtflüchtige Ester sind typische Bestandteile des Vorlaufs, z. B. Essigsäureethylester, wohingegen höher siedende Ester erst im Nachlauf in nennenswerten Konzentrationen auftreten. Zum Teil handelt es sich um stechend riechende Stoffe, zum Teil aber auch um sehr angenehm riechende Fruchtester. Schwerflüchtige Ester haben ein eher weinig-fruchtiges Aroma, das bei höherer Konzentration sehr unangenehm werden kann. Einige Ester, z. B. Milchsäureethylester und Bernsteinsäureethylester, treten nur in Bränden aus infizierten Maischen in hoher Konzentration auf.

Weithin bekannt ist der **Acetaldehyd** als typischer Bestandteil des Vorlaufs. Acetaldehyd entsteht im Stoffwechsel der Hefezellen und man könnte diese Substanz die Vorstufe des Ethanols nennen. In wesentlich geringeren Mengen kommen auch noch andere Aldehyde vor, zum Beispiel der für Kirschbrände so typische **Benzaldehyd**, der für das Bittermandelaroma verantwortlich ist.

Acrolein verursacht durch seinen reizenden Geruch einen Spirituosenfehler. Während der Gärung kann durch Bakterien, die vor allem durch infiziertes, schmutziges Obst in die Maische gelangen, Hydroxypropanal entstehen, das bei der Destillation zu Acrolein reagiert.

Essigsäure sollte in einem qualitativ hochwertigen Brand nur in Spuren vorkommen. Ein hoher Gehalt in Bränden lässt auf mit Bakterien infizierte Maische schließen. **Höhere Fettsäuren** dagegen sind für das typische Nachlaufaroma verantwortlich und ihr Gehalt nimmt am Ende der Destillation stark zu.

EIN AUSFLUG IN DIE MIKROBIOLOGIE

Obstbrände sind Lebensmittel. Um eine hohe Qualität des Endproduktes zu gewährleisten und den Verderb während der Herstellung zu verhindern, ist es notwendig, einiges über Hefen, Bakterien und Schimmelpilze zu wissen.

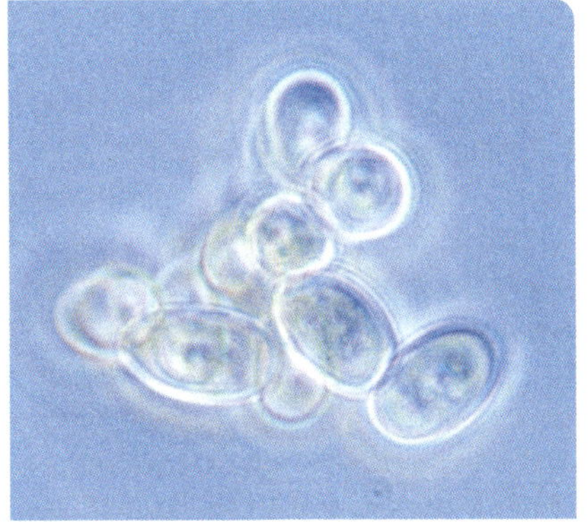

Aktive Hefezellen vermehren sich in der Maische, in die sie eingesetzt wurden, durch Sprossung.

Hefen und die alkoholische Gärung

Hefen sind einzellige Lebewesen und werden den Pilzen zugeteilt. Sie benötigen zum Wachstum Sauerstoff und Zucker. Steht Sauerstoff zur Verfügung, veratmet die Hefe den Zucker vollständig, ohne Alkohol zu produzieren, und kann ein vielfaches an Energie gewinnen. Unter Sauerstoffmangel können die Hefen aber ihren Stoffwechsel auf **Gärung** umstellen und produzieren dann aus Zucker Ethanol und Kohlendioxid.

Die chemische Gleichung der alkoholischen Gärung lautet:

$$C_6H_{12}O_6 \rightarrow 2\,C_2H_5OH + 2\,CO_2$$

1 Mol **Glucose** → 2 Mol **Ethanol** + 2 Mol **Kohlendioxid**

Die Bildung von Alkohol aus Zucker verläuft in mehreren Zwischenschritten und wird von verschiedenen Enzymen katalysiert, die von der Hefe gebildet werden. Die Hefe gewinnt durch diese Reaktion lebensnotwendige Energie. Die theoretische Alkoholausbeute liegt nach der obigen Gleichung bei 51,1 %. Allerdings ist die praktische Ausbeute geringer, da ein Teil des Zuckers für die Hefevermehrung verbraucht wird, zahlreiche Nebenprodukte (z. B. höhere Alkohole) entstehen und ein Teil des Alkohols durch den Gärspund verdunstet.

Normalerweise vermehren sich Hefen ungeschlechtlich durch Sprossung, wobei sich eine Tochterzelle von der Mutterzelle abschnürt.

Mutter- und Tochterzelle besitzen die gleichen Eigenschaften. Nur unter ungünstigen Lebensverhältnissen, z. B. bei Nährstoffmangel, kommt es zur geschlechtlichen Vermehrung, wobei die Hefezelle Sporen bildet, die eine höhere Überlebenschance besitzen als die empfindliche Zelle. Das heißt, durch die geschlechtliche Vermehrung versucht die Hefe ihre Art zu sichern. Unter wieder günstigeren Lebensbedingungen keimen die Sporen aus und verschmelzen zu einer Mutterzelle, welche sich wieder durch Sprossung vermehren kann. Interessant ist, dass bei der geschlechtlichen Vermehrung ein Austausch von genetischem Material stattfindet und somit Hefen mit neuen Eigenschaften entstehen können.

Wichtige Eigenschaften bei der Beurteilung einer Hefe zur Alkoholproduktion sind ihr **Gärvermögen**, die **Alkoholverträglichkeit**, ihre **Temperatur-** und **Zuckerresistenz** und die **Bildung von Gärungsnebenprodukten**.

Die Hefen sind schon auf den Früchten vorhanden und gelangen mit diesen in die Maische. Dort können sie sich in Abhängigkeit von ihren Eigenschaften mehr oder weniger gut vermehren. Natürlich spielen auch die Eigenschaften der Maische, z. B. Nährstoffe, Hemmstoffe, Temperatur und pH-Wert, eine wichtige Rolle. Auf den Früchten findet man verschiedene Hefearten. Praktischerweise unterteilt man sie in

- echte, **gärstarke Weinhefen** der Art *Saccharomyces cerevisiae*,
- gärschwache **wilde Hefen**, z. B. *Brettanomyces*, *Deckera*, *Kloeckera*, *Hanseniaspora* und
- **Kahmhefen**, z. B. *Candida*, *Pichia*, *Hansenula*.

In einer frischen Maische überwiegen die eher unerwünschten **wilden Hefen**, da sie sich unter günstigen Bedingungen schneller vermehren können als echte Weinhefen. Man schätzt, dass auf eine Weinhefezelle ca. 1000 Zellen wilder Hefen kommen. Das bedeutet, dass die wilden Hefen die Maische angären, da diese Stämme aber sehr alkoholempfindlich sind, können sie die Maische nicht durchgären. Ihr größerer Nachteil liegt aber vor allem an der Bildung von Essigsäure und Estern, die dem Destillat später ein untypisches Aroma verleihen. Um eine sichere und saubere Vergärung zu gewährleisten, müssen bei der Maischebereitung daher die Bedingungen so eingestellt werden, dass sich die echten Weinhefen möglichst schnell durchsetzen. Dies geschieht praktisch durch die Einhaltung eines bestimmten Temperaturbereichs, der Einstellung des pH-Werts und die Zugabe einer Reinzuchthefe.

Die heute eingesetzten **Reinzuchthefen** gehören alle zur Art *Saccharomyces cerevisiae*. In dieser Art unterscheidet man allerdings ca. 1000 verschiedene Rassen mit unterschiedlichen Eigenschaften. Für die Vergärung von Obstmaischen kann man spezielle Brennereihefen kaufen oder eine Weinhefe verwenden. Diese Hefen weisen eine hohe Alkoholtoleranz und Gärkraft bis 20 %vol Alkohol auf. Sie sind optimal auf eine Gärtemperatur von 15 bis 18 °C angepasst und können eine Maische auch noch bei einem niedrigen pH-Wert, um pH 3, vergären. Bei diesen Bedingungen haben die meisten wilden Hefen und Bakterien keine Chance mehr. Interessant ist der Einsatz sogenannter Kaltgärhefen, die auch bei einer Temperatur von 8 bis 10 °C noch gären, da die Alkohol- und Aromaverluste geringer sind, je niedriger die Gärtemperatur ist.

Sollen in der Vergärung steckengebliebene Maischen oder Obstrohstoffe mit besonders hohen Zuckergehalten vergoren werden, empfiehlt sich der Einsatz einer **Sekthefe** (*Saccharomyces bayanus*). Durch ihre Anpassung an die Sektbereitung ist sie an bereits Alkohol enthaltene, zuckerhaltige Rohstoffe angepasst und hat schon viele halbvergorene Maischen gerettet.

Manche Hefen kommen als sogenannte **Aromahefen** in den Handel. Diese Rassen sind in der Lage, besondere Bukettstoffe in der Obstmaische zu bilden, deren Pfirsich- oder Aprikosenduft in zarten Nuancen die eigentliche Fruchtnote des späteren Destillats unterstützen kann.

Allgemein setzt man 20 g Hefe auf 100 l Maische zu. Bei Maischen mit einer hohen Keimbelastung, z. B. aus Fallobst, empfiehlt es sich, die Dosierung zu erhöhen. Bevor die Hefe der Maische zugegeben wird, löst man sie in etwas lauwarmen Wasser. Dadurch wird in die Hefezelle wieder Wasser eingelagert, das ihr bei der Trocknung entzogen wurde. Nach wenigen Minuten ist diese Wassereinlagerung abgeschlossen und man gibt der Hefe etwas Nahrung in Form von Fruchtsaft zu. Alsbald wird man eine intensive Stoffwechseltätigkeit feststellen, was sich in starker Schaumbildung zeigt. Sollte dies nicht der Fall sein und auch nach mehreren Stunden bei Raumtemperatur kein Schäumen oder Gären feststellbar sein, ist die Hefe und die Packung zu entsorgen.

Die „aktivierte" Hefe wird nun in der Obstmaische verteilt, wobei der Temperaturunterschied 5 °C nicht überschreiten sollte. Bei einer empfohlenen Gärtemperatur von 14 bis 18 °C ist die Obstmaische in 4 bis 6 Wochen vergoren.

Nach der Vergärung sinken die Hefen auf den Boden des Gärgefäßes ab und sollten zur nachfolgenden Destillation nicht in die Brennblase mit eingebracht werden. Der entstehende Hefeton überlagert sonst die fruchttypischen Aromen, und die schwefelhaltigen Bestandteile der Hefezellen mindern das Aroma des Destillates deutlich, ferner wird die Destillieranlage verunreinigt. Erkennbar wird dies, wenn z. B. der Hefetrub eines Apfelweins destilliert wird. Es entsteht ein aromatisches, hefig-fruchtiges und durchaus wohlschmeckendes Destillat, das sich aber deutlich von einem Destillat aus einer Maische oder einem Apfelwein ohne Hefe unterscheidet.

Es ist eine weit verbreitete Gewohnheit, die gärende Maische in der stürmischen Gärung umzurühren, um die

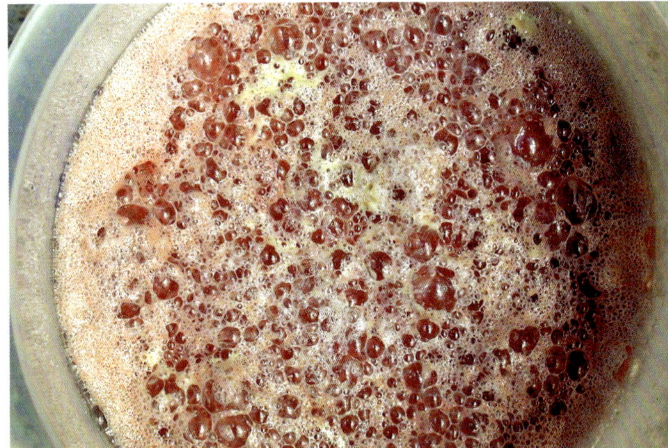

Trockenreinzuchthefe zeigt nach Auflösung in Wasser und sofortiger Zugabe von Saft nach kurzer Zeit rege Aktivität.

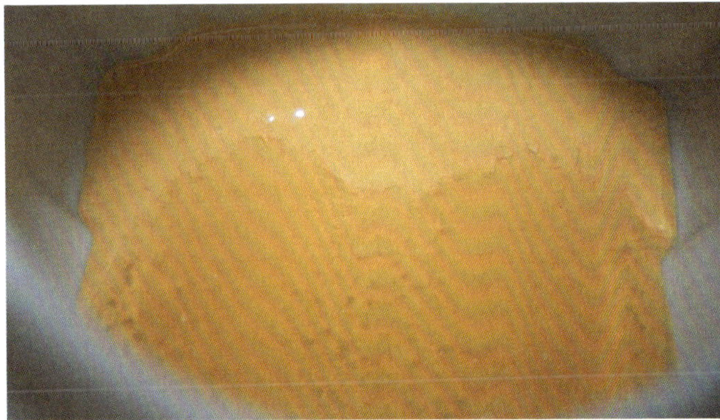

Nach der Gärung setzen sich Hefe und Trub am Boden des Gärgebindes ab. Solche Reste dürfen nicht mitdestilliert werden. Aus größeren Mengen Hefetrub kann allerdings ein Hefedestillat hergestellt werden.

WICHTIG: Die Maische sollte während der Vergärung nicht umgerührt werden, da dadurch Sauerstoff und Verderbniserreger eingetragen werden und die Gefahr einer Fehlgärung erhöht wird.

Hefezellen durch Eintrag von Sauerstoff nochmals zur Vermehrung anzuregen. Davon ist eher abzuraten, da dadurch jedes Mal Sauerstoff sowie wilde Hefen und Bakterien in die Maische eingetragen werden und die Gefahr einer Fehlgärung erhöht wird. Bei den heutzutage verwendeten Trockenreinzuchthefen ist eine genügende Anzahl aktiver Hefezellen schon zu Beginn der Vergärung gewährleistet. Wichtig ist, dass die durch die Gärung entstehende Kohlendioxidschicht auf der Oberfläche auch nach der Gärung erhalten bleibt, da sie die Maische vor Verderb schützt.

Tritt nach der Vergärung Luft in das Gärgebinde ein, entstehen vor allem auf alkoholarmen Maischen Kahmhefen in Form eines weißen, staubigen Belages.

Sparsame Zeitgenossen versuchen immer wieder, sich die für eine Saison benötigte Hefemenge aus wenig zugekaufter Reinzuchthefe selbst weiterzuvermehren. Dies kann zu Problemen führen, da im Verlauf dieser Hefezucht regelmäßig genetische Veränderungen auftreten und sich die Gäreigenschaften der Hefe dadurch deutlich verändern und verschlechtern können.

Großen Schaden richten die sogenannten **Kahmhefen** auf bereits vergorenen Obstmaischen an. Ist das Gärgebinde nicht spundvoll verschlossen oder gelangt nach der Vergärung Luft in ein Gärgefäß, bildet sich vor allem auf alkoholarmen Maischen schnell eine weiße, meist faltige oder staubige Kahmhaut. Kahmhefen bilden keinen Alkohol. Ganz im Gegenteil: Sie veratmen den Alkohol der Maische und bilden unangenehme Aromastoffe, die in das Destillat übergehen: höhere Alkohole wie Propanol und Butanol. Sie benötigen zum Leben Sauerstoff, daher treten sie nur auf der Oberfläche einer Maische auf. Um die Maische vor diesen Hefen zu schützen, sollte man durchgegorene Maischen dicht verschließen, bei möglichst niedriger Temperatur lagern und möglichst bald brennen. Mit einer Kahmhaut überzogenen Maische sind als verdorben anzusehen und dürfen nicht mehr in den Verkehr gebracht werden. Die Destillate weisen einen hohen Gehalt der oben genannten Verbindungen auf und sind auch nicht mehr zur Likörherstellung geeignet.

Vorsicht Bakterien!

Bakterien sind wie die Hefen Einzeller, allerdings ohne echten Zellkern. Sie vermehren sich sehr schnell, meistens durch Zweiteilung der Zellen. In der

Obstbrennerei kommen vor allem Essigsäure-, Milchsäure- und Buttersäurebakterien als **Verderber** von Obstmaischen vor. Unter dem Mikroskop sind die Bakterien meist als kleine Stäbchen oder kettenbildende Kokken (Kugeln) zu erkennen. Wachsen in einer Maische Bakterien, so ist damit immer ein Verlust an Alkohol und die Bildung von Fehlaromen verbunden.

Am häufigsten kommen auf Obstmaischen **Essigsäurebakterien** vor. Sie setzen den Alkohol der Maische in Essigsäure um. Da sie aber zum Wachstum unbedingt Sauerstoff benötigen, können sie nur an der Oberfläche wachsen, wenn der Kohlendioxidschutz der Maische nach der Gärung verloren geht. Oft bildet sich eine Haut auf der Oberfläche, die im Gegensatz zu den Kahmhäuten der wilden Hefen nicht staubig und faltig wirkt, sondern zäh und glitschig ist („Essigmutter"). Außerdem ist ein Essigstich auch mit der Nase leicht wahrnehmbar, sobald das Gärgebinde geöffnet wird. Bei der Destillation geht die leichtflüchtige Essigsäure ins Destillat über. Außerdem können dadurch aus der Oberfläche des Brenngeräts Kupferionen ausgelöst werden, die später als blaue oder blaugrüne Trübung oder als Niederschlag im Endprodukt auftreten. **Milchsäurebakterien** bevorzugen im Gegensatz zu den Essigsäurebakterien die Abwesenheit von Sauerstoff. Wie schon der Name sagt, bilden sie vor allem Milchsäure. Die meisten Arten benötigen Zucker, es können aber auch andere Verbindungen wie Weinsäure als Nahrungsquelle dienen. Neben Säure werden auch andere Stoffe gebildet. So sind für den gefürchteten Acroleinstich ebenfalls Milchsäurebakterien verantwortlich. Milchsäurebakterien können sich in der ersten Gärphase vermehren, wenn sich die echten Weinhefen nicht

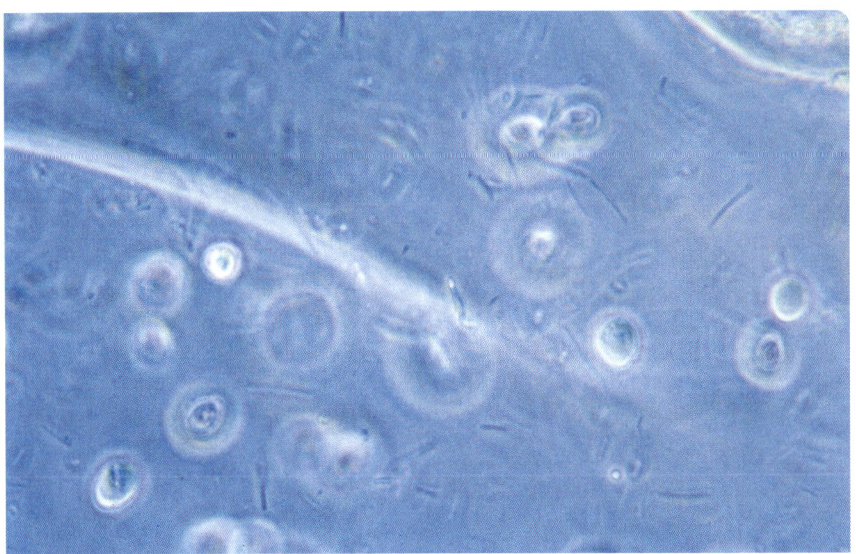

Essigbakterien vermehren sich schnell und produzieren aus Alkohol Essigsäure, die Ursache für fehlerhafte Destillate und Verfärbungen sein kann. Hier zu erkennen als kleine Stäbchen.

INFO: Wachsen in einer Maische Kahmhefen oder Bakterien, so ist immer mit einem Alkoholverlust und mit der Bildung von Fehlaromen zu rechnen.

schnell genug durchsetzen oder nach der Gärung wenn die Maische zu lange und zu warm gelagert wird.

Buttersäurebakterien können nur bei völligem Ausschluss von Sauerstoff leben. Sie bilden aus Zuckern Buttersäure und weitere sehr unangenehm riechende Verbindungen. Buttersäurebakterien werden vor allem mit dem an den Früchten anhaftenden Schmutz in die Maische gebracht. Sie bilden sehr hitzeresistente Sporen und gehören zu den widerstandsfähigsten Mikroorganismen.

Alle Bakterien sind relativ säureempfindlich, daher gilt als wirksamer Schutz das Ansäuern der Maische beim Einmaischen. Dazu wird mit Schwefelsäure oder organischen Säurepräparaten der pH-Wert der Maische auf 2,8 bis 3,1 eingestellt, wodurch die Stoffwechselvorgänge der Bakterien stark eingeschränkt sind, die Gärtätigkeit der echten Weinhefen aber nicht beeinflusst wird. Weiterhin sollten die Gefäße nach der Gärung aufgefüllt, luftdicht verschlossen und möglichst kühl und kurz gelagert werden.

Die Bildung von Schimmel ist bei Traubentrester oder bei nicht oder nur langsam angärenden Maischen eine große Gefahr.

Schimmelpilze

Schimmelpilze sind in der Obstbrennerei von untergeordneter Bedeutung. Sie treten zumeist nur auf Maischen auf, die sehr langsam oder gar nicht gären. Ansonsten schützt das entstehende Kohlendioxid wirksam vor Schimmelbildung. Ein Schimmelbefall geht meist mit unangenehmen Aromaveränderungen und Schimmelgeruch einher, wodurch die Maische unbrauchbar wird. Problematisch ist die Verwendung **verschimmelter Obstrohware**. So findet man vor allem bei Mirabellen und Kirschen bereits im Lagerbehältnis schnell bis zu faustgroße Schimmelstellen. Solche Bestandteile müssen vor dem Einmaischen entfernt werden, um einen späteren Schimmelton im Destillat zu vermeiden. Auch die Lagerung der fertigen Destillate in mit Schimmel befallenen Holzfässern führt zu muffigpilzigen Fehlaromen.

Nach viel Theorie, die für ein gutes Gelingen des Obstbrandes auch notwendig ist, benötigt man zur praktischen Verarbeitung der Früchte eine Anzahl von Geräten und Maschinen, je nach der zu verarbeitenden Menge der Früchte.

Die Verarbeitung der Früchte erfolgt im Prinzip immer nach dem gleichen Schema. Auf die Besonderheiten der einzelnen Früchte wird in den entsprechenden Kapiteln eingegangen.

RUND UM DAS BRENNEN

DIE VORBEREITUNG DER FRÜCHTE

Das Einmaischen

Vor dem eigentlichen Einmaischen muss für die **Reinigung** der Früchte gesorgt werden. Ziel ist es dabei, faulige Früchte, Blätter, Stiele zu entfernen und mit Hilfe des Wassers anhaftende Erdreste, Mikroorganismen oder auch störende Pflanzenteile, wie z. B. die Behaarung der Quitten, zu entfernen.

WICHTIG: Vor dem Einmaischen müssen die Früchte sorgfältig gereinigt werden, um faulige Früchte, Blätter, Stiele, Erdreste und störende Mikroorganismen zu entfernen.

Früchte richtig vorbereiten

Nur wenige Arbeitsschritte sind für eine sorgfältige Verarbeitung notwendig:

1. Verlesen der Früchte
2. Manuelle Entfernung von unerwünschten Fruchtbestandteilen, z. B. Stiele, Rappen, Haare
3. Obstwäsche
4. Zerkleinerung
5. Mechanische Entfernung von unerwünschten Fruchtbestandteilen mittels Passiermaschine
6. Transport in den Maischebehälter
7. Vergärung:
   evtl. Zugabe von Pektinase
   pH-Wert Korrektur: 2,8 bis 3,1
   evtl. Zugabe von Hefenährsalz: 20 bis 30 g/100 l
   Zugabe von Trockenreinzuchthefe: 20 g/100 l
   Gärtemperatur: 16 bis 18 °C
   Gärdauer: 4 bis 6 Wochen, unbedingt Luftzutritt vermeiden
8. Kontrolle auf Endvergärung
9. Destillation
10. Herabsetzen auf Trinkstärke
11. Filtration allgemein: feine Schicht (z. B. K200), bei ± 1 °C, Leistung: etwa 30 l/Schicht

Waschen

- Für größere Mengen Kernobst gibt es spezielle Waschmaschinen. Diese bestehen meist aus einem Wasserbehälter mit Zu- und Ablauf und einer vertikal verlaufenden Förderschnecke (Elevator) zum Transport der gewaschenen Früchte in den Muser oder die Rätzmühle. Über ein eventuell vorgeschaltetes Transportband lassen sich faulige Früchte leichter aussortieren.
- Größere Mengen Beerenobst können über ansteigende Verlesebänder transportiert werden, die mit Waschdüsen versehen sind und oft direkt in die Weiterverarbeitung münden.
- Kleinere Mengen können zumeist nur mit Wasserschlauch oder Hochdruckreiniger in Plastikkörben abgespritzt werden.

Wichtig ist auf jeden Fall der ungestörte Ablauf des Waschwassers. Für Quitten empfiehlt sich entweder eine Enthaarung von Hand oder das Abspritzen der Früchte in Chargen mit einem Hochdruckreiniger in einer größeren Wanne mit Ablauf.

Entrebeln, entrappen

Weintrauben und **Johannisbeeren** müssen vor dem Einmaischen „entrappt“

oder „entrebelt“ werden. Hierzu dienen Traubenabbeermaschinen, von denen kleinere Geräte mit Handbetrieb bereits gute Dienste leisten. Je nach zu verarbeitender Frucht gibt es speziell dafür geeignete Siebeinsätze, die oft auch für Holunder oder Vogelbeeren geeignet sind. Kleine Mengen werden über ein Drahtgitter direkt in den Gärbehälter gestreift. In der Gegend um Salzburg, einem traditionellen Verarbeitungsgebiet der Vogelbeeren, haben findige Köpfe eine robuste und leistungsfähige Entrebelmaschine für Vogelbeeren gebaut, mit der auch große Mengen an Vogelbeeren problemlos verarbeitet werden können.

Zerkleinern

Die Früchte sollten beim Einmaischen möglichst fein **zerkleinert** werden, damit der Zucker aus den Pflanzenzellen freigesetzt wird. Der Zerkleinerung sind aber Grenzen gesetzt, da gleichzeitig darauf geachtet werden muss, dass Steine und Kerne nicht zerstört werden. Daher kommen zur Zerkleinerung von Stein- und Kernobst unterschiedliche Geräte zum Einsatz.

Weiches **Stein-** und **Beerenobst** wird mit Hilfe eines Rühr- und Schneidgerätes zerkleinert, das von einer kräftigen Bohrmaschine angetrieben wird. Um Zerstörungen am Maischbehälter zu vermeiden, ist das Gerät mit einem Schnittschutz ausgerüstet. Die Früchte werden mit einem solchen Rührer regelrecht auseinander geschnitten und oft löst sich sogar das Fruchtfleisch komplett von den Steinen ab.

Zur Zerkleinerung von **Kernobst** werden sogenannte Muser, Rätzmühlen oder Hammermühlen verwendet. Bei einem Muser, auch unter dem Begriff

Um Verschmutzungen zu entfernen und faule Früchte auszulesen, hat sich ein Transport- und Waschband bewährt.

Das Entrappen von Vogelbeeren ist die Gewähr für ein feines, edles Destillat. Kleinere Mengen reibt man über ein Drahtgeflecht, große Mengen kommen in die Spezialmaschine.

Für Brennmaische oder zur Saftgewinnung eignet sich das elektrische Kernobstschneidgerät.

Zur Zerkleinerung selbst harter Früchte wie Quitten in größerem Maßstab von 1 bis 2 t/h eignet sich ein robuster Edelstahlmuser.

Mit dem Rühr- und Schneidgerät kann Stein- und Beerenobst eingemaischt werden.

Obst- und Beerenmühlen sind traditionelle Geräte zur Zerkleinerung von Früchten. Sie sind oft manuell zu bedienen.

Kernobstschneidmühle im Handel, fällt das Obst auf rotierende Messer, die es zerschlagen und durch Siebe herausdrücken. Man erhält, je nach Gerät und Obstsorte, ein sehr feines, breiiges Mus. Bei den kleinsten Geräten handelt es sich um umgerüstete Gartenhäcksler mit austauschbaren Messern. So können beim Einsatz von Kunststoffmessern auch Kirschen und Zwetschgen ohne stärkere Beschädigung der Steine zerkleinert werden. Allerdings ist die Leistung solcher Häcksler sehr begrenzt. Besonders wenn große Mengen oder sehr harte Früchte, z. B. Quitten, verarbeitet werden sollen, ist es ratsam, ein entsprechend leistungsfähiges Gerät anzuschaffen. Im Handel gibt es Geräte aus Edelstahl mit variabler Öffnung und einer Leistung bis zu mehreren Tonnen pro Stunde.

Soll neben Schnaps auch Saft hergestellt werden, lohnt die Anschaffung einer Rätzmühle oder einer Hammermühle. Man erhält dadurch pressbare, erbsen- bis haselnussgroße Fruchtstücke. Bei der Rätzmühle schleudern stumpfe Flügel das Mahlgut gegen Siebeinsätze, die mit Schneiden versehen sind und deren Bohrung variierbar sind. Das Mahlgut wird auf die mit dem Siebeinsatz vorbestimmte Größe zerkleinert. Ähnlich funktioniert die Hammermühle, deren Flügel auf einer Welle befestigt sind und große Mengen Obst schnell und effektiv mahlen können.

Transportieren, pumpen, rühren

Die zerkleinerten Früchte werden in der Brennerei mit **Maischepumpen**, sogenannten Exzenterschneckenpumpen, transportiert. Im Prinzip handelt es sich um rotierende Verdrängerpumpen, bei denen das rotierende Element (die Exzenterschnecke) sich um das stationäre Element (den Stator) dreht. Die drehende Bewegung des Rotors schiebt das zu pumpende Material gleichmäßig durch gleichbleibende Hohlräume zwischen Rotor und Stator. So können je nach Pumpentyp Festkörper mit einem Durchmesser von 5 bis 27 mm nahezu ohne Beschädigung transportiert werden. Daher eignen sich solche Pumpen auch zum Einmaischen von Kirschen, Mirabellen oder Zwetschgen. Durch die Wahl temperaturbeständiger Statoren ist es darüber hinaus möglich, heiße Schlempe abzupumpen.

> **WICHTIG:** Die Früchte sollten beim Einmaischen möglichst fein zerkleinert werden, damit der Zucker aus den Pflanzenzellen freigesetzt wird.

Ideal geeignet zum Transport passierter Maischen und Beerenmaischen sowie sämtlicher Flüssigkeiten, z. B. Fruchtsaft, Most, Wein und Destillate, sind Impellerpumpen. Das sind normalerweise trocken selbstansaugende Rotationspumpen, bei denen die einzelnen Flügel des Flügelrades (Impellers) an der Exzenterplatte umgelegt werden, wodurch an der Saugseite der Raum zwischen den Flügeln vergrößert wird und somit ein Vakuum entstehen kann. Gleichzeitig verkleinern sich dadurch die Zwischenräume auf der Druckseite. Eine solche Pumpe kann man auch vor einen Plattenfilter schalten. Der Impeller selbst besteht aus Spezialneopren und kann leicht erneuert werden.

Kreiselpumpen sind selbstansaugende Seitenkanalpumpen, mit denen im Brennereibereich verschiedenste Flüssigkeiten, vor allem Destillate, umgepumpt oder durch Filtergehäuse und

PRAXISTIPP: Mit Hilfe einer Passiermaschine lassen sich die Früchte nicht nur fein zerkleinern, sondern es werden gleichzeitig der Stein bzw. das Kernhaus, aber auch Stiele und sonstige Verunreinigungen ausgetragen. Dadurch sind feine, fruchtige Destillate zu erwarten.

Filterplatten gefördert werden. Ist das Gehäuse der Pumpe aus Edelstahl, kann man damit auch Most oder Essig fördern.

Der **Rührvorgang** ist in der Brennerei sehr wichtig: auf der einen Seite in den Maischebehältern zur gleichmäßigen Verteilung der Gärhefen, Enzyme und Säuren, auf der anderen Seite in der Brennblase, um einen gleichmäßigen Wärmeaustausch beim Erhitzen oder Kühlen zu gewährleisten. Bei der Auswahl des Rührers ist es wichtig, die Leistung, Drehzahl und Form der Rührflügel auf das zu rührende Medium genau anzupassen. Beim Rühren muss das gesamte Gebinde in Bewegung sein und nicht nur ein kleiner Bereich um die eingetauchten Rührflügel herum.

Auch zum Transport von Maischen mit Steinen ist eine Exzenterschneckenpumpe geeignet.

Entkernen, entsteinen, passieren

Passier- und **Entsteinmaschinen** sind keine Seltenheit in der Lebensmittelindustrie und leisten z. B. bei der Herstellung von Marmeladen, Fruchtzubereitungen und im Gemüse verarbeitenden Gewerbe seit Jahren gute Dienste. Große Brennereien verfügen über entsprechende Geräte, um z. B. Williamsbirnen zu passieren und dadurch Stiel und Kernhaus zu entfernen oder Pfirsiche, Aprikosen oder Zwetschgen zu entsteinen. Seit kurzem sind auch relativ kleine Maschinen auf dem Markt, die auch für Klein- und Abfindungsbrenner interessant sind.

Die Funktion einer Passier- und Entsteinmaschine ist denkbar einfach.
Bei der Verarbeitung von Steinobst werden die Früchte, je nach Art und Reifezustand, entweder unzerkleinert oder grob vorzerkleinert (mittels Maischepumpe bzw. Rühr- und Schneidgerät) in den Trichter der Entsteinmaschine gegeben. In einer Siebtrommel befindet sich ein mehrflügliger Rotor, der mit Gummiwalzen bestückt ist. Dieser drückt die Früchte an die Siebtrommel und schabt das Fruchtfleisch vom Stein. Das Fruchtfleisch und die zerkleinerten Schalenteile fließen durch das Sieb in den Auffangbehälter. Steine, Stiele, Verunreinigungen und harte Schalenteile werden am Ende der Maschine ausgetragen. Um eine exakte Funktion zu ge-

währleisten, müssen je nach Fruchtart der Lochdurchmesser des Siebes und der Abstand der Gummiwalzen zum Sieb eingestellt werden. So ist zur Verarbeitung von Aprikosen, Pflaumen oder Pfirsichen ein größerer Lochdurchmesser und ein größerer Abstand der Gummiwalzen notwendig als bei Kirschen. Normalerweise orientiert man sich bei runden Steinen am Durchmesser, bei ovalen Steinen am kleineren Querschnitt. Weiterhin ist es zum gleichmäßigen Austrag der Feststoffe erforderlich, die Flügel des Rotors leicht konisch, sich nach vorne erweiternd, zulaufen zu lassen.

Die häufigsten Probleme beim Umgang mit den Geräten treten bei der Verarbeitung harter oder unreifer Früchte auf. Hier ist es empfehlenswert, die Früchte nach grober Zerkleinerung einige Tage unter Einsatz von Pektinasen angären zu lassen, und erst dann zu passieren und zu entsteinen. Entsteinte Maische benötigt im Gärbehälter genügend Steigraum, da aus der Maische viel unvergärbares Material entfernt wurde und daher der Zuckergehalt im Verhält-

Gummiwalzen zum Entsteinen.

Edelstahlschienen zum Passieren.

Bei Sauerkirschen kann der Steinanteil bis zu 20 % betragen. Nach der Vergärung ist die Abtrennung besonders effektiv.

Die vergorene, entsteinte Maische muss schnell abdestilliert werden.

PRAXISTIPP: Die Wirkung der Geräte auf die Qualität der Maische und der Endprodukte lässt sich wohl am besten an einer reifen Williamsbirne erklären:

Ist sie noch festfleischig, saftig und frisch, beißt man gerne in diese Birne. Schale und Fruchtfleisch schmecken aromatisch süß, und der charakteristische Geschmack des typischen Williamsaromas bleibt langanhaltend im Mund zurück. Ein Biss ins Kernhaus oder gar das Zerkauen eines Kerns bietet ein völlig anderes Bild. Der bisher vorherrschende Eindruck wird jäh durch bittere Komponenten mit rauer, fast gerbstoffartiger und grasiggrüner Ausprägung gestört. Man kann sich auch vorstellen, was das Zerkauen eines Stiels für unschöne Eindrücke hinterlassen würde.

Für das spätere Destillat sind die Inhaltsstoffe von Stiel und Kernhaus ebenso störend wie für den Verzehr der Frischware. Aus diesem Grund ist in vielen Kleinbetrieben beim Einmaischen der Williamsbirnen der Einsatz der ganzen Familie gefragt, um alle Stiele aus den Birnen herauszuziehen. Diesen Arbeitsaufwand ersetzt die Passiermaschine, die durch die Entfernung des Kernhauses noch weit darüber hinausgeht. Interessante Aspekte ergaben sich in praktischen Versuchen des Verfassers bei der Verarbeitung anderer Birnensorten. So trat z. B. bei Destillaten aus passierten Ulmer Butterbirnen und Schweizer Wasserbirnen die Birnencharakteristik weitaus deutlicher zutage, als dies bei normaler Maischebereitung der Fall war. Dasselbe galt für Äpfel aus Streuobstwiesenbeständen. Nach dem Eindruck des Verfassers zeichnen sich diese Destillate durch ausgeprägteres, charakteristischeres Aroma und feine Milde aus. Neben diesen sensorischen Verbesserungen ist die Arbeitserleichterung nicht zu unterschätzen. Die Maischen ohne Feststoffe sind in der Regel innerhalb von 10 bis 14 Tagen bei 16 bis 18 °C vollständig durchgegoren und können einfach in die Brennblase gepumpt werden. Während der Destillation erhält man eine gleichmäßigere Wärmeverteilung. Ein Anhaften oder Anbrennen der Maischen ist nicht zu erwarten.

Bei der Verarbeitung von Steinobst können durch das Entfernen der Steine als positive Eigenschaften neben den fruchtigeren Destillaten noch die Vermeidung von Beanstandungen durch zu hohe Gehalte an Blausäure bzw. Ethylcarbamat aufgenommen werden. Um ein von vielen Produzenten und Kunden gewünschtes dezentes Mandelaroma in den Destillaten hervorzubringen, reichen ungefähr 10 % unentsteinte Ware oder die nachträgliche Zugabe einiger Steine in die Maische.

nis zur Maischemenge stark zugenommen hat. Die Hefezellen werden die entsteinte Maische viel schneller vergären.

Soll **Kernobst** verarbeitet werden, ersetzt man die Gummiwalzen durch Schaber aus Edelstahl. Diese Schaber drücken das Kernobst gegen die Siebtrommel, wodurch Stiele, Kernhäuser und Verunreinigungen ausgetragen werden. Eine grobe Vorzerkleinerung mittels Rätzmühle oder Muser (siehe oben) ist fast immer notwendig. In hartnäckigen Fällen empfiehlt es sich die Früchte zweimal mit unterschiedlichem Lochdurchmesser der Siebe durch die Entsteinmaschine zu schicken.

Noch anzumerken ist, dass es für **Kirschen** auch eine Entstielmaschine gibt, die durch ein Walzensystem die Stiele aufnimmt und von den Kirschen trennt. Ein Entstielen ist mit der Passiermaschine nicht möglich.

Das Vergären

Preisgünstige und gute **Gärgefäße** sind nach wie vor die „blauen Einschlagfässer", die mit einem Volumen von 30, 60, 120 oder 220 Liter angeboten werden. Beim Kauf müssen Deckel und Fass sofort gekennzeichnet werden, um eine spätere Verwechslung zu vermeiden, da in der Regel nur der ursprünglich auf dem Fass befindliche Deckel über einen längeren Zeitraum hinweg dicht schließt. Außerdem ist die Dichtung des Deckels alle zwei Jahre zu erneuern, da sie schnell porös und undicht wird. Vor der Verwendung bohrt man in den Deckel ein Loch für den Gärverschluss und reinigt das Fass mit heißem Wasser, was natürlich auch später vor jedem Einsatz getan werden sollte.

Brauchbar sind ebenfalls Gefäße aus glasfaserverstärktem Kunststoff mit Schwimmdeckel. Die Maische sollte darin aber nur so kurz wie möglich gelagert werden, da der Deckel häufig nicht dicht genug schließt und somit die Kohlendioxidschicht nach der Vergärung nicht über längere Zeit im Gefäß gehalten werden kann. Außerdem ist immer auf eine ordnungsgemäße Befüllung des Fassrandes mit geeigneter Sperrflüssigkeit, einer Lösung aus 2-prozentiger schwefliger Säure, zu achten.

Wer vor hat, sich längerfristig mit dem Einmaischen von Obstrohstoffen und deren Verarbeitung zu Obstbränden zu beschäftigen, sollte gleich in Edelstahlbehältnisse investieren, die leicht zu reinigen und gleichzeitig wertbeständig sind. Interessant sind besonders **Edelstahltanks** mit Doppel- oder Kühlmantel, wodurch eine Kühlung der Maische während der Hauptgärung und somit eine aromaschonende Vergärung möglich ist. Größere Brennereien besitzen oft mehrere solcher Tanks, bei denen unter Einsatz modernster Kältetechnik eine genau vorgegebene Gärtemperatur eingehalten werden kann.

Blaue Einschlagfässer sind bei richtiger Handhabung gute Gär- und Lagerbehältnisse.

Zu jedem Gärgefäß gehört der entsprechende **Gärverschluss**, damit das während der Gärung entstehende Kohlendioxid entweicht, ohne dass von außen Luft eindringen kann. In diesen Gärverschluss aus Plastik oder Glas wird die sogenannte Sperrflüssigkeit, eine Lösung aus 2-prozentiger schwefliger Säure gefüllt. Diese Lösung hat entkeimende Eigenschaften und schützt die Maische vor dem Eindringen von Mikroorganismen und Insekten. Kommt es aber nach der Vergärung, und dies auch bei völlig dichten Fässern und Verschlüssen, zu Temperaturschwankungen, kann durch den Gärverschluss Luft eingetragen werden, die schützende Kohlendioxidschicht verschwindet und Kahmhefen haben freie Bahn. Auch das spundvolle Befüllen der Behälter, wenn die Gärung fast beendet ist, sorgt oft für Probleme, da auch hier Temperaturschwankungen vergorenes Material aus dem Gefäß drücken können. Aus all diesen Gründen sollte eine lange Maischelagerung stets vermieden werden und so schnell wie möglich nach beendeter Vergärung, besser noch in der abklingenden Gärphase, destilliert werden.

WICHTIG: Maische zum Schutz vor Bakterien und Kahmhefen auf pH 3,0 ansäuern, Gefäße nach der Gärung auffüllen und luftdicht verschließen, kühl und möglichst kurz lagern.

Um hohe Temperaturen vor allem am Beginn der Vergärung zu vermeiden, ist eine temperaturgesteuerte Vergärung bei großen Behältern absolute Notwendigkeit.

Zur **Reinigung** werden genau auf das Material abgestimmte Reinigungsmittel mit desinfizierenden Komponenten angeboten. Diese sollte man am besten gleich mit dem Gefäß anschaffen. Bei sauberer Verarbeitung und ordnungsgemäßer Maische reicht jedoch in vielen Fällen ein Hochdruckreiniger oder Bürste, Spülmittel und heißes Wasser aus.

Das Messen des Zuckergehalts und der Endvergärung

Extraktgehalt im unvergorenen Saft

Alle gelösten Substanzen in einem Saft werden als „Extrakt“ bezeichnet. Bei einem Saft aus reifen Früchten besteht der größte Teil des Extrakts aus vergärbaren Zuckern. Daneben sind aber auch weitere Stoffe wie Säuren, Gerbstoffe, Mineralstoffe und Eiweiße im Saft gelöst, die unvergärbaren Substanzen. Je nach Fruchtart und Reifezustand schwankt das Verhältnis an vergärbaren Zuckern zu unvergärbaren Substanzen. Da aber die vergärbaren Zucker die Hauptmenge darstellen, können aus dem Extraktgehalt Rückschlüsse auf den Zuckergehalt und die zu erwartende Alkoholausbeute gezogen werden.

Im Gegensatz zum Zuckergehalt lässt sich nämlich der Extraktgehalt relativ einfach bestimmen. Das Prinzip der Extraktbestimmung beruht auf der unterschiedlichen Dichte von Zucker-Wasser-Lösungen. Je höher der Zuckergehalt des Safts, desto höher ist seine Dichte. Die Dichtebestimmung kann wie die Alkoholbestimmung durch **Spindeln** (Aräometer) erfolgen. Bei Spindeln zur Zuckerbestimmung spricht man je nach der aufgedruckten Einheit von einer Oechslewaage oder einem Saccharimeter.

Im Kellereibereich ist vor allem die Oechslewaage, auch Mostwaage genannt, gebräuchlich.

Zu beachten ist, dass wahrscheinlich nicht der gesamte Extraktgehalt vergoren werden kann und es daher in der Praxis durchaus vorkommt, dass die tatsächliche Alkoholausbeute geringer ist. Zum Beispiel enthalten Kirschen neben den vergärbaren Zuckern auch unvergärbaren Zuckeralkohol (z. B. Sorbit). Das bedeutet, dass bei weitem nicht der gesamte Extraktgehalt der süßen Kirschmaische in Alkohol umgewandelt werden kann.

Spindeln messen nur bei der auf dem Gerät angegebenen Bezugstemperatur genau, normalerweise bei 20 °C. Daher ist in die Spindel ein Thermometer eingelassen und es werden Korrekturwerte angegeben. Möchte man den Extraktgehalt sehr genau bestimmen, liest man daher bei der Messung an der Zuckerspindel drei Werte ab: den Extraktgehalt, die Temperatur und den Korrekturwert. Liegt die Temperatur bei der Messung über 20 °C, so zählt man den Korrekturwert zum abgelesenen Extraktgehalt dazu. Bei einer Messtemperatur unter 20 °C zieht man den Korrekturwert dagegen vom abgelesenen Extraktgehalt ab. Oft kann man sich die Korrektur aber auch sparen, da es bei der Bestimmung des Zuckergehalts der Maische oder der Verfolgung des Gärverlaufs nicht auf eine Genauigkeit von 1 °Oe bzw. 1 %mas ankommt.

Zur Messung verwendet man klaren, unvergorenen Saft. Bei einer Maische ist es eventuell notwendig die Fest- und Trubstoffe vorher abzufiltrieren. Die Handhabung von Zuckerspindeln entspricht der Handhabung von Alkoholspindeln. Daher kann man bei der Bestimmung wie dort beschrieben vor-

PRAXISTIPP: Aus dem Zuckergehalt der Früchte können Rückschlüsse auf die zu erwartende Alkoholausbeute gezogen werden. Aber Achtung, mit einer Oechslewaage oder einem Refraktometer lässt sich nur der Zuckergehalt eines unvergorenen Safts messen; sobald sich Alkohol gebildet hat, ist das Messergebnis falsch.

Die Oechslewaage

Die Oechslewaage gibt den Extraktgehalt in Grad Oechsle (° Oe) bei 20 °C an. Die gängigen Ausführungen haben eine Skala von 0 bis 130 °Oe. Die Einheit hat den Vorteil, dass die zu erwartende Alkoholausbeute damit sehr einfach berechnet werden kann:
1 °Oe entspricht etwa 0,1 %mas Alkohol
So kann man zum Beispiel bei einem süßen Apfelsaft mit 70 °Oe mit etwa 7 %mas (Masseprozent) Alkohol im vergorenen Most rechnen.
Ein Saccharimeter zeigt den Zuckergehalt in Gewichtsprozent (g/100 g) bei 20 °C an, auch als Grad Brix (° brix) bezeichnet.
1 %mas Zucker (1 Gewichtsprozent/Masseprozent) entspricht etwa 0,5 %mas Alkohol. Zum Beispiel ist bei einem Apfelmost mit einem Zuckergehalt von 10 %mas nach der Vergärung mit einer Alkoholausbeute von etwa 5 %mas Alkohol zu rechnen.

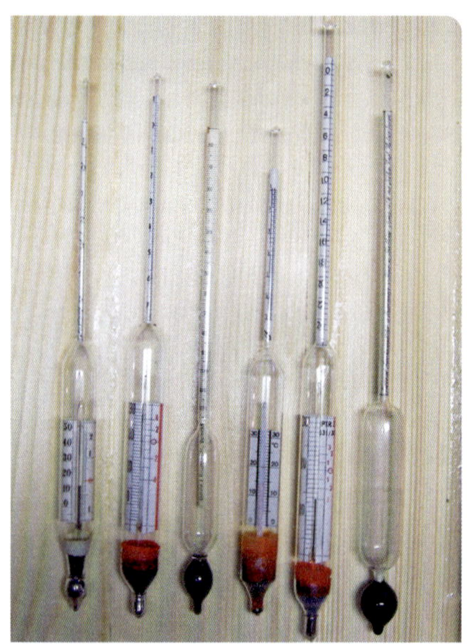

Verschiedene Spindeln (Aräometer) zur Bestimmung der Dichte von Flüssigkeiten.

gehen. Einziger Unterschied ist die Ablesung. Aufgrund der undurchsichtigen extraktreichen Flüssigkeiten erfolgt die Ablesung der Zuckerspindeln oben am sich bildenden Meniskus der Skala mit der jeweiligen Maßeinheit.

Besonders schnell und einfach lässt sich der Extraktgehalt mit Hilfe eines Refraktometers bestimmen. Da zur Bestimmung wenige Tropfen Saft ausreichen, wird das Gerät vor allem im Weinberg oder auf der Obstwiese eingesetzt, um den Reifezustand der Früchte zu prüfen. Das Messprinzip eines Refraktometers beruht auf der Tatsache, dass sich mit dem Gehalt einer Flüssigkeit an gelösten Extraktstoffen die Lichtbrechung ändert. Zur Messung werden ein bis zwei Tropfen Saft auf das Prisma gegeben und mit einer Klappe eingeschlossen. Man richtet das Refraktometer auf eine Lichtquelle – die Sonne – aus, schaut durch das Okular und liest an der Grenze zwischen hell und dunkel direkt den Extraktgehalt ab. Refraktometer sind sowohl mit der Einheit ° Oe, als auch mit der Einheit %mas erhältlich. Oft können auch beide Einheiten parallel abgelesen werden.

Achtung: Sowohl mit einer Zuckerspindel als auch mit einem Refraktometer lässt sich nur der Extraktgehalt eines unvergorenen Safts messen. Sobald sich Alkohol gebildet hat, ist das Messergebnis falsch.

Prüfung auf Endvergärung

Im Laufe der Gärung nimmt der Extraktgehalt durch Vergärung der Zucker ständig ab, der Alkoholgehalt dagegen zu. Wie oben erwähnt, lässt sich daher in einer gärenden Maische mit einer Zuckerspindel nicht der genaue Extraktgehalt bestimmen. Trotzdem kann man mit Hilfe einer Spindel den **Gärverlauf** beobachten. Misst man mit einer Spindel den Extraktgehalt in einer gärenden Maische, so spricht man vom „scheinbaren Extrakt“ oder vom „Vergärungsgrad“. Aufgrund von Erfahrungswerten kann der Brenner beurteilen, bei welchem Vergärungsgrad die Maische fertig vergoren ist. Das ist von Obstsorte zu Obstsorte verschieden. Apfelmaischen gelten bei etwa 0,5 bis 5 °Oe als vergoren, Birnen bei 5 bis 15 °Oe, Kirschen bei 10 bis 20 °Oe und Zwetschgen bei 15 bis 20 °Oe.

Einfacher ist die Bestimmung der Endvergärung mit Hilfe sogenannter Schnelltests, z. B. Clinitest, Meditest, die im Fachhandel erhältlich sind. Hier wird nicht der Restextraktgehalt bestimmt, sondern lediglich geprüft, ob im Saft noch vergärbare Zucker vorhanden sind. Das Messprinzip beruht auf einer Farbreaktion, der Farbumschlag ist leicht erkennbar. Für sehr dunkle Maische, z. B. Kirschen sind die Tests allerdings weniger geeignet.

Bestimmung des pH-Werts

Der pH-Wert sagt etwas über den **sauren** Charakter einer Flüssigkeit aus. Der pH-Wert einer Flüssigkeit kann zwischen 0 und 14 liegen. Reines Wasser hat einen pH-Wert von 7, es ist **neutral**. Unter pH 7 ist eine Lösung sauer (z. B. Schwefelsäure pH 1,2), bei einem pH-Wert über 7 ist eine Lösung **alkalisch** (z. B. Natronlauge pH 14).

Obstmaischen haben einen pH-Wert zwischen 3 und 4,5. Die Kenntnis des pH-Werts ist für den Brenner wichtig, da die Stoffwechseltätigkeit von Hefen und Bakterien, sowie alle anderen enzymatischen Prozesse, z. B. die Wirkung einer zugesetzten Pektinase, abhängig vom pH-Wert sind. Echte Weinhefen tolerieren einen niedrigeren pH-Wert als viele in der Maische vorkommenden wilden Hefen und Bakterien. Daher wird beim Einmaischen der pH-Wert gemessen und mit Hilfe von Schwefelsäure oder einer Säurekombination auf pH 2,8 bis 3,1 eingestellt. Nach der Säurezu gabe muss die Maische gut umgerührt werden, ehe der pH-Wert erneut bestimmt wird. Die Säure verteilt sich nur langsam in der Maische. Wird zu schnell gemessen, kann es passieren, dass man einen falschen Wert bestimmt, mit der Folge, dass man unter Umständen zu viel Säure zugibt und auch die Weinhefen nicht mehr überleben können.

Am einfachsten misst man den pH-Wert mit sogenannten **Indikatorstäbchen**. Je nach Messbereich zeigt der auf einem kleinen Kunststoffstäbchen aufgebrachte Indikator verschiedene Farbtöne an. Zur Messung wird das Stäbchen kurz in die Maische getaucht, der Indikator verfärbt sich, man vergleicht die Farbe mit einer Farbskala auf der Verpackung und liest so den pH-Wert ab. Für Obstmaischen sollte man Indikatorstäbchen mit einem **Messbereich** zwischen pH 2,5 und 5 verwenden. Für sehr dunkle Maischen sind Indikatorstäbchen weniger geeignet.

Einfach und sehr genau lässt sich der pH-Wert auch mit einem **pH-Meter** bestimmen. Die Bestimmung erfolgt elektrometrisch mit Hilfe einer Glaselektrode. Diese wird in die Maische eingetaucht und der pH-Wert kann direkt über eine Digitalanzeige abgelesen werden. Allerdings ist eine Glaselektrode sehr empfindlich. Bei unsachgemäßer Behandlung hat sie nur eine sehr kurze Lebensdauer. Daher gilt es einiges zu beachten: Nach der Messung muss die Elektrode immer mit reinem Wasser gespült werden. Zur Aufbewahrung stellt man sie in eine Kaliumchlorid-Lösung. Wird das Gerät längere Zeit nicht benutzt, sollte man von Zeit zu Zeit kontrollieren, ob noch genügend Lösung vorhanden ist. Ansonsten trocknet die Elektrode aus und wird unbrauchbar.

Ein pH-Meter muss regelmäßig kalibriert werden. Dazu kauft man zwei Pufferlösungen, die genau auf pH 4 bzw. pH 7 eingestellt sind. Man misst den pH-Wert der Pufferlösungen. Weicht der Wert von pH 4 bzw. pH 7 ab, stellt man den Wert am Gerät, meist mit Hilfe eines kleinen Schraubenziehers, neu ein.

PRAXISTIPP: Einfach und sicher lässt sich der pH-Wert mit preiswerten Papierstreifen oder Stäbchen bestimmen.

DIE DESTILLATION ODER DAS BRENNEN

Der Begriff „destillieren“ kommt aus dem lateinischen und bedeutet „abtropfen“. Man versteht unter dem Destillieren, ganz allgemein ausgedrückt, das Entwickeln von Dämpfen aus einer Flüssigkeit und das anschließende Niederschlagen (Kondensieren) dieser Dämpfe.

Zur **Trennung von reinen Alkohol-Wasser-Mischungen** nutzt man die unterschiedlichen Siedepunkte von Alkohol und Wasser: reiner Alkohol (Ethanol) siedet bei 78,3 °C, Wasser bei 100 °C.

Allerdings verdampft nicht zuerst der Alkohol und anschließend das Wasser, vielmehr entsteht am Siedepunkt der Maische immer ein **Dampfgemisch**, das aus Alkohol und Wasser besteht. Der Siedepunkt dieser Mischung aus Alkohol und Wasser liegt im Allgemeinen zwischen den Siedepunkten der beiden reinen Substanzen. Er ist umso niedriger, je alkoholreicher die Flüssigkeit ist. Die Dämpfe besitzen dabei eine andere prozentuale Zusammensetzung als die erhitzte Alkohol-Wasser-Mischung. Die Dämpfe sind umso alkoholreicher, je mehr Alkohol die Flüssigkeit enthält. Es tritt also eine Verstärkung oder **Anreicherung** auf. Die Verstärkung des Dampfes an Alkohol ist aber nicht konstant, sondern sie ist vom Alkoholgehalt der Flüssigkeit, die destilliert wird, abhängig: Je alkoholreicher die Flüssigkeit, desto geringer ist die Alkoholanreicherung im Dampf. Das bedeutet aber auch, dass es umso schwieriger wird Alkohol im Destillat anzureichern, je höher der Alkoholgehalt der Flüssigkeit ist. Alkohol lässt sich durch Destillation bis auf 97,2 %vol Alkohol verstärken. Wasserfreien Alkohol kann man durch Destillation nicht herstellen, da Wasser und Alkohol bei 97,2 %vol Alkohol ein sogenanntes azeotropes Gemisch (azeotrop = durch kochen nicht trennbar) bilden.

Während der **Destillation einer Maische** nimmt der Alkoholgehalt der Flüssigkeit mehr und mehr ab. Zuerst geht sehr alkoholreicher Dampf über und wird als Destillat abgenommen, im Laufe der Zeit geht der Alkoholgehalt der Maische zurück und der Dampf wird immer wasserreicher. Das heißt, eine einfache Destillation führt nur zu einer unzureichenden Trennung der Alkohol-Wasser-Mischung. Aus einer Maische mit 5 bis 10 %vol Alkohol lässt sich auf diese Weise kein hochprozentiges Destillat mit 70 bis 80 %vol Alkohol gewinnen. Die einfache Destillation muss wiederholt werden. Moderne Brenngeräte ermöglichen eine oftmalige Wiederholung der Destillation in nur einem Arbeitsgang. Durch besondere Einbauten, z. B. Verstärkerkolonne mit Glockenböden, fließt dem aufsteigenden Dampfstrom ein Flüssigkeitsstrom entgegen. Man spricht von einer Gegenstromdestillation oder **Rektifikation**.

Andererseits kann man eine Verstärkung auch durch eine Teilkondensation (**Dephlegmation**) des alkoholreichen Dampfs erreichen. Trifft der heiße Dampf auf eine kalte Oberfläche, kühlt der Dampf ab und es wird vor allem

Wasserdampf niedergeschlagen. Das heißt, es entsteht ein alkoholreicherer Dampf und eine wasserreichere Flüssigkeit (Phlegma). Praktisch erreicht man eine Teilkondensation durch den Einbau eines Wasserkasten in die Verstärkerkolonne, den sogenannten Dephlegmator.

Neben Alkohol (Ethanol) und Wasser enthält eine Obstmaische viele weitere Inhaltsstoffe. Man unterscheidet flüchtige und nichtflüchtige Verbindungen, wobei die nichtflüchtigen Stoffe – wie Glyzerin, Apfelsäure, Proteine und Farbstoffe – keinen Einfluss auf das Destillat haben, da sie bei den Temperaturen, die bei der Destillation herrschen, nicht in den dampfförmigen Zustand übergehen, wie der Name sagt. Sie werden als Schlempe entsorgt. Die flüchtigen Inhaltsstoffe entweichen dagegen während der Destillation aus der Maische, die erwünschten ebenso wie die unerwünschten. Wertbestimmend sind vor allem Ethanol und die typischen Aromastoffe des Obstbrands. Unerwünscht sind dagegen giftige und wertmindernde Inhaltsstoffe wie Methanol, Essigsäureethylester, Acetaldehyd, Fettsäuren. Durch die richtige Destillationstechnik ist es möglich, die **wertbestimmenden Inhaltstoffe** vor allem im Mittellauf anzureichern und die negativen als Vor- und Nachlauf abzutrennen.

> **WICHTIG:** Fehler, die bei der Auswahl der Früchte, dem Einmaischen und der Vergärung gemacht werden, können auch durch eine noch so ausgeklügelte Destillationstechnik nicht mehr rückgängig gemacht werden.

Allerdings kann ein qualitativ hochwertiges Destillat nur erzeugt werden, wenn die Maische von einwandfreier Qualität ist. Fehler, die bei der Auswahl der Früchte, dem Einmaischen und der Vergärung gemacht werden, können auch durch eine noch so ausgeklügelte Destillationstechnik nicht mehr rückgängig gemacht werden. Andererseits können durch Fehler beim Destillieren aus einwandfreien Maischen durchaus schlechte Brände entstehen.

Moderne Kolonnenbrennerei. In einem Arbeitsgang kann aus einer Maische ein hochwertiges Destillat erzeugt werden.

WAS BRAUCHT MAN ZUM BRENNEN?

In der Obstbrennerei unterscheidet man prinzipiell zwei Arten von Brenngeräten:

Traditionell werden Obstbrände durch zweifach durchgeführte, einfache Destillation auf simpelsten Brenngeräten ohne Verstärkereinrichtungen hergestellt. Die Brenngeräte bestehen aus der Brennblase mit Heizung, dem Helm, dem Geistrohr, dem Kühler und der Vorlage. Bei der ersten Destillation, dem sogenannten Raubrand, wird der gesamte Alkohol aus der Maische abdestilliert. Mehrere Raubrände werden gesammelt und einer zweiten Destillation unterworfen, dem Feinbrand, dabei wird weiter verstärkt und aufgereinigt, unter Abtrennung von Vor- und Nachlauf.

Moderne Brenngeräte sind dagegen mit einem Verstärker ausgestattet, der es ermöglicht, einwandfreie und hoch-

So sieht eine moderne Brennanlage aus.

verstärkte Obstbrände in einem einzigen Abtrieb herzustellen. Verstärkerbrenngeräte bestehen aus der Brennblase mit Heizung, dem Verstärker (Böden und Dephlegmator), eventuell dem Katalysator, dem Geistrohr, dem Kühler und der Vorlage. Größe und Konstruktion der Bauelemente unterlagen in Deutschland strengen gesetzlichen Bestimmungen (Brennereiverordnung, § 116, 4). So war in deutschen Abfindungsbrennereien das Nutzvolumen der Brennblase vorgeschrieben: Es betrug für neue Brennereien 150 l. Für Brenngeräte, die vor 1936 zugelassen wurden, war noch ein Nutzvolumen von 300 l zulässig. Außerdem durften nur Verstärker mit höchstens drei Böden und einem aufgesetzten Dephlegmator verwendet werden (Brennereiverordnung, § 116, 4a).

Seit 1. Januar 2018 gelten das Alkoholsteuergesetz und die Alkoholsteuerverordnung. Brennblasenvolumen und Anzahl der Verstärkerböden sind nicht mehr limitiert.

Aufgrund seines guten Wärmeleitvermögens und seiner katalytischen Eigenchaften ist Kupfer der Werkstoff der Wahl für die Brennblase und die Verstärkereinrichtungen. Geistrohr, Kühler und Vorlage sollten aus Edelstahl hergestellt sein, um Metalltrübungen und Verfärbungen im Destillat zu vermeiden.

Das einfache Brenngerät mit direkter Beheizung verkörpert das klassische Prinzip der Destillation in Form des Rau- und Feinbrennens.

Bei modernen Brennereien wird die Wärme schonend mittels eines Wasserbads übertragen und in einem Arbeitsgang das Endprodukt hergestellt.

Brennblase mit Beheizung

Früher waren die Brenngeräte sehr einfach gebaut. Die kupferne Brennblase ging zur Verstärkung des Dampfs in einen Helm über. Sie wurde direkt mit Holz befeuert. Zum Betreiben eines solchen Geräts gehört viel Fingerspitzengefühl, da die Maische leicht anbrennt und dadurch unangenehme, brandige Stoffe in das Destillat übergehen.

Heutzutage wird die Brennblase mittels Wasserbad oder Dampf **indirekt** erhitzt. Dadurch ist eine feine Regelung möglich und die Gefahr der Überhitzung der Maische mit den damit verbundenen Destillatfehlern viel geringer. Durch den Einbau eines Rührwerks wird die Maische gleichmäßig verteilt und erhitzt, dies ist vor allem bei der Verarbeitung dickflüssiger Kernobstmaischen sinnvoll. Das Wasserbad muss auf jeden Fall mit einem Überdruckventil und einer Wasserstandsanzeige ausgestattet sein. Zwischen der Blase und den Verstärkerböden ist normalerweise ein Überschäumboden mit einer Maischerückleitung angebracht, um zu vermeiden, dass hochschäumende Maischeteilchen auf die Verstärkerböden vordringen.

Wird der Verstärkerboden während der Destillation beleuchtet, ist der intensive Kontakt von Dampf und flüssiger Phase gut zu beobachten.

Verstärkerböden

Zur Verstärkung werden meist Glockenböden eingebaut. Ein schematischer Querschnitt durch einen **Glockenboden** ist in folgender Zeichnung zu sehen.

Üblich ist eine Glocke pro Boden, es werden aber auch Böden mit mehreren kleinen Glocken hergestellt, damit ein noch intensiverer Stoff- und Wärmeaustausch zwischen der Dampf- und Flüssigkeitsphase stattfindet. Dieselbe Zielsetzung haben auch an den Rändern der Glocke angebrachte Faltungen oder eine etwas andere Konstruktion des Destillierbodens in Form einer Anordnung kleiner Lochreihen mit Überdachung, wodurch eine feine Zerstäubung und eine geringe Teilchengröße gewährleistet wird.

Jede dieser Konstruktionen ist zur Destillation einer Obstmaische geeignet, wenn gewährleistet ist, dass ein intensiver Stoff- und Wärmeaustausch zwischen Dampf- und Flüssigkeitsphase möglich ist. Dies kann während der Destillation durch die Schaugläser überprüft werden, die über jedem Boden angebracht sind. Im Idealfall ist auf der ganzen Fläche des Bodens ein intensives „Sprudeln“ zu sehen. Bei den Glockenböden ist darauf zu achten, dass der Glockenrand weit in die auf dem Boden stehende Flüssigkeit hineinragt. Nur so zwingt die Glocke den aufsteigenden Dampf durch die Flüssigkeit auf dem Boden zu strömen.

Bei modernen Brenngeräten ist es möglich, die Wirkung einzelner Böden abzuschalten, indem der Boden durch Öffnen eines Ventils leer läuft und die Glocke hochgeklappt wird. Sinnvoll ist die Installation einer Reinigungsanlage, um die Böden, den Dephlegmator und Katalysator zwischen den Bränden automatisch zu reinigen.

PRAXISTIPP: Auf den Verstärkerböden soll ein intensiver Stoff- und Wärmeaustausch zwischen Dampf und Flüssigphase stattfinden, dies kann während der Destillation durch die Schaugläser überprüft werden. Im Idealfall kann auf der ganzen Bodenfläche eine starke Blasenbildung beobachtet werden.

Dephlegmator

Der Begriff Dephlegmator leitet sich ab von Phlegma, dem Kondensat einer schwerer siedenden Flüssigkeit, die sich niederschlägt und in das System zurückläuft. Dies bedeutet, dass bei der vorliegenden Konstruktion eine Trennwirkung der Alkohol-Wasser-Mischung nicht durch Verdampfen der leichter siedenden Flüssigkeit – wie auf den Verstärkerböden realisiert – stattfindet, sondern die Kondensation der schwerer siedenden Flüssigkeiten eine Anreicherung der leichter siedenden Komponente mit sich bringt.

Die verstärkende Wirkung des Dephlegmators (oder Rückflusskühlers) hängt ab
- von seiner Wärmeaustauschfläche,
- dem Kühlwasserdurchfluss und
- dem Temperaturunterschied von Kühlwasser und alkoholreichem Dampf.

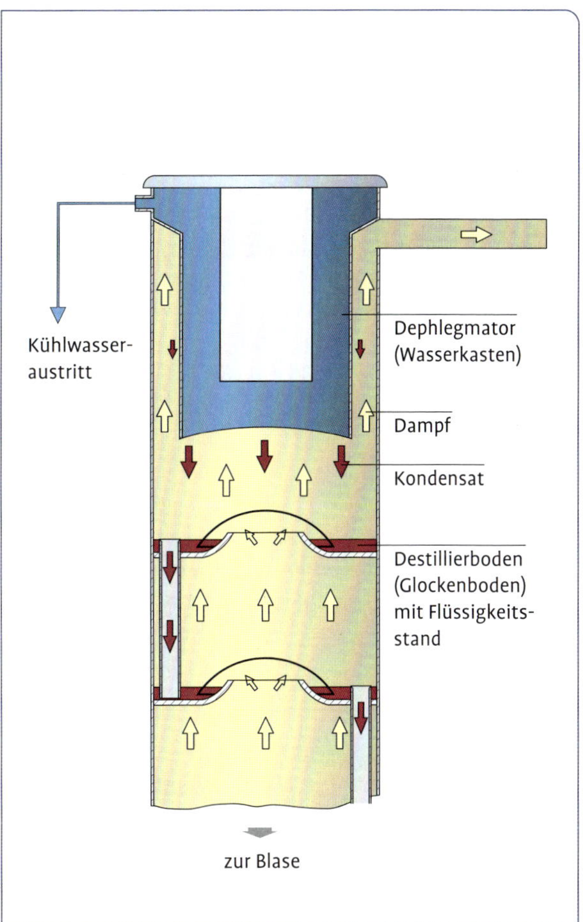

Verstärkerkolonne mit Glockenböden und Kastendephlegmator.

Die Größe der Wärmeaustauschfläche ist abhängig von der Konstruktion des Dephlegmators. Man unterscheidet dabei zwei Grundtypen:

Beim **Wasserkastendephlegmator** ist in den oberen Teil des Verstärkers lediglich ein zylindrisches, geschlossenes Metallgefäß mit einem Kühlwasserzu- und -ablauf eingelassen. Da die Wärmeaustauschfläche relativ klein ist, ist auch die verstärkende Wirkung relativ schwach.

Eine größere Anreicherung ist mit einem **Röhrendephlegmator** möglich, bei dem zahlreiche Röhren durch ein zylindrisches, von Kühlwasser durchströmtes Gefäß führen. Wenn der Dephlegmator, besonders zu Beginn der Destillation, zu warm ist, schwächt dies seine verstärkende Wirkung. Vorlauf und Nachlauf lassen sich nicht mehr sauber vom Mittellauf trennen. Daher ist bei der Durchführung mehrere aufeinander folgender Brände darauf zu achten, dass der Dephlegmator vor dem nächsten Brand jeweils zurückgekühlt wird.

Katalysator

Man hat erkannt, dass sich durch den Einbau eines Katalysators der Ethylcarbamatgehalt der Obstbrände verringern lässt. Dazu wird die Kupferoberfäche des Brenngeräts stark vergrößert. Durch den Kontakt der Dämpfe mit Kupfer reagiert die **Blausäure**, eine Vorstufe von Ethylcarbamat, zu schwerfüchtigen Kupferverbindungen, die nicht ins Destillat übergehen können.

Die heute erhältlichen Katalysatoren werden in das Brenngerät zwischen Dephlegmator und Kühler eingebaut, entweder senkrecht auf die Kolonne oder seitlich danebenstehend, oder waagrecht. Die Kupferkatalysatoren können aus Füllkörpern, Ringen oder Lamellen bestehen. Unabhängig von der Bauart kann der Katalysator während der Destillation ausgeschalten werden. Für die Wirkung des Katalysators ist die regelmäßige Reinigung wichtig, da die Blausäure und andere Maischeinhaltstoffe mit dem Kupfer reagieren und sich Beläge bilden. Fette und Wachse setzen sich zusätzlich auf der Oberfläche des Katalysators ab und bilden wasserabweisende Beläge. Die Folge ist, dass die Blausäure nicht mehr mit dem Kupfer reagieren kann und der Katalysator keine Wirkung mehr zeigt. Daher sollte man den Katalysator zwischen den Bränden mit heißem Wasser spülen und regelmäßig mit Reinigungslaugen und Zitronensäure sorgfältig reinigen, damit die Kupferoberfläche wieder blank wird.

WICHTIG: Die Verwendung eines Katalysators ist auch bei der Destillation von Kernobstbränden auf jeden Fall ratsam, obwohl er ursprünglich nur dazu gedacht war, ethylcarbamatarme Steinobstbrände herzustellen. Eine regelmäßige Reinigung ist wichtig für die Wirksamkeit des Katalysators.

Produktkühler und Vorlage

Vom Geistrohr gelangen die alkoholischen Dämpfe in den Produktkühler. Dafür werden heute fast ausschließlich Röhrenkühler aus Edelstahl verwendet. Die Kühlung erfolgt im Gegenstrom, so dass das kalte Kühlwasser und das kalte Destillat erst kurz vor der Vorlage aufeinander treffen. Am Kopf des Kühlers ist ein Temperatursensor eingebaut, der über ein regelbares Ventil dafür sorgt, dass das Kühlwasser eingeschalten bzw. geregelt wird. Das Ventil öffnet sich automatisch, sobald heißer Dampf an den Sensor gelangt.

Das Destillat rinnt aus dem Kühler direkt in eine Vorlage. Dabei handelt es sich um ein Edelstahlgefäß zum Auffangen und Ableiten des Kondensates. Es ist so gebaut, dass ein darin schwimmendes kleines Alkoholometer den Alkoholgehalt des aus dem Kühler austretenden Destillates während der Destillation anzeigt. Somit liefert die Vorlage wertvolle Informationen über den Verlauf der Destillation und die Abtrennung von Vor-, Mittel- und Nachlauf.

Temperaturfühler

Um den Destillationsverlauf zu überwachen, können Temperaturfühler an verschiedenen Stellen in das Brenngerät eingebaut werden. Sinnvoll ist die Überwachung der Maischetemperatur in der Brennblase und die Temperaturmessung des Destillats über den einzelnen Böden. Auf jeden Fall sollte die Wassertemperatur des Dephlegmators – am besten am Kühlwasserauslauf – ständig überwacht werden.

Auf keinen Fall fehlen darf aber das Thermometer im Geistrohr, welches eindeutige Informationen über den Zeitpunkt der notwendigen Nachlaufabtrennung liefert. Durch sensorische Analyse in Verbindung mit Beobachtung des Thermometers am Geistrohr kann eine genaue Abtrenntemperatur für Nachläufe dieser Anlage ermittelt werden. In der Praxis wird dieses Thermometer mit einer Hupe verbunden, die beim Erreichen einer vorgegebenen Temperatur den Destillateur zur Abtrennung des Nachlaufes herbeiruft.

DIE KUNST DES BRENNENS

Bei der Destillation einer Obstmaische gehen neben Alkohol und Wasser weitere Inhaltsstoffe der Maische ins Destillat über. Zu Beginn der Destillation reichern sich vor allem sehr leicht flüchtige Stoffe im Destillat an. Da diese zum Teil gesundheitsschädlich sind und darüber hinaus unangenehm riechen und schmecken, muss dieser erste Teil des Destillats, der sogenannte **Vorlauf** sehr sorgfältig vom folgenden Teil (dem **Mittellauf**), der eher neutral schmeckt, abgetrennt werden. Gegen Ende der Destillation, wenn der meiste Alkohol übergetrieben ist, können sich im Destillat vermehrt Stoffe mit einem höheren Siedepunkt anreichern. Da diese Stoffe das Aroma des Obstbrandes negativ beeinflussen, muss der Mittellauf rechtzeitig weggenommen werden und der sogenannte **Nachlauf** in einem extra Gefäß aufgefangen werden.

WICHTIG: Die Kunst des Brennens besteht vor allem darin, Vor- und Nachlauf sauber vom Mittellauf abzutrennen. Wird zu früh auf den Mittellauf umgestellt oder zu spät auf den Nachlauf, so weist der trinkfertige Obstbrand meist deutliche Geruchs- und Geschmacksfehler auf.

Die Abtrennung der drei Fraktionen Vor-, Mittel- und Nachlauf stellt auch heute noch eine große Herausforderung für den Destillateur dar. Nase und Gaumen sind wichtige Messinstrumente.

Die Kunst des Brennens besteht nun vor allem darin, im richtigen Augenblick von Vorlauf auf Mittellauf, bzw. von Mittellauf auf Nachlauf umzustellen. Wird zu früh auf den Mittellauf umgestellt oder zu spät auf den Nachlauf, so weist der trinkfertige Obstbrand einen meist deutlichen Geruchs- und Geschmacksfehler auf. Wird dagegen zuviel Vor- und Nachlauf abgetrennt, gehen wertvolle Aromastoffe verloren und der Brand schmeckt neutral. Eine exakte Abtrennung ist auch aus wirtschaftlichen Gründen anzuraten, da bei einer zu großzügigen Abtrennung zu viel hochprozentiger Alkohol verloren geht.

Die Abtrennung von Vor- und Nachlauf

Eine saubere Abtrennung von Vor- und Nachlauf kann **sensorisch** erfolgen und erfordert eine feine Zunge, eine gute Nase und einige Übung. Der **Vorlauf** enthält vor allem leichtflüchtige Ester und Acetaldeyd mit typischem klebstoff- und lösungsmittelartigem Geruch und Geschmack. Manchmal wird er von sehr wohlriechenden Fruchtestern etwas überdeckt, die dazu verleiten können, zu früh auf den Mittellauf umzustellen. Dem Anfänger hilft folgende Vorgehensweise: Die ersten 2 bis 3 l des Destillats werden nacheinander in einzelnen Gefäßen, von je etwa 0,25 l, gesammelt und später in Ruhe verkostet. Am besten verdünnt man dazu etwas Destillat in einem Verkostungsglas 1 zu 1 mit Wasser.

Hilfreich ist auch der Vorlaufabtrennungstest nach Prof. Pieper. Mit Hilfe einer Farbreaktion kann man leicht erkennen, ob noch Vorlaufbestandteile im Destillat vorhanden sind.

Bei der Abtrennung des **Nachlaufs** geht man ähnlich vor. Allerdings ist eine Verdünnung mit Wasser dabei nicht mehr unbedingt notwendig. Der Nachlauf wird vor allem vom Aroma der Fettsäuren geprägt: Er riecht und schmeckt dumpf, säuerlich und erinnert oft an den Geruch eines alten Putzlappens. Die Abtrennung des Nachlaufs wird durch den Einbau eines Thermometers im Geistrohr vereinfacht. Zeigt dieses ungefähr 90 °C an, so ist bald mit Nachlauffraktionen zu rechnen.

Abzuraten ist von einer pauschalen Abtrennung des Vorlaufs nach einer bestimmten Destillatmenge bzw. einer Nachlaufabtrennung bei einer bestimmten Alkoholkonzentration in der Vorlage. Die Vor- und Nachlaufmenge hängt von der Fruchtart, dem Alkoholgehalt der Maische, der Maischequalität und nicht zuletzt von der Destillationsweise ab.

Der Vorlauf ist giftig und darf der Maische nicht wieder zugesetzt werden oder ein zweites Mal destilliert werden. Man kann ihn als Reinigungsmittel im Haushalt oder mit Kräutern versetzt zum Einreiben verwenden. Auch Nachläufe sollten keiner Maische zugesetzt werden, da man diese dadurch unnötig mit negativen Aromastoffen anreichert.

Es ist sinnvoller, die Nachläufe mehrerer Brände zu sammeln und getrennt unter hoher Verstärkung und reichlicher Vor- und Nachlaufabtrennung zu destillieren. Der so gewonnene Alkohol kann entweder dem ursprünglichen Destillat beigemischt werden oder er dient zur Herstellung kräftiger Kräuterspirituosen.

Die Destillation ohne Verstärker

In einfachen Blasenbrenngeräten ohne Verstärker können hochprozentige Obstdestillate nur durch **zweimalige Destillation** hergestellt werden. Bei der ersten Destillation, dem Raubrand, wird zunächst der Alkohol aus der Maische gewonnen. Bei der zweiten Destillation, dem Feinbrand wird der Alkohol verstärkt und durch die Abtrennung von Vor- und Nachlauf gereinigt.

1. Arbeitsablauf Raubrand

- Befüllen der Brennblase mit Maische. Steine und Hefesatz im Gärgefäß belassen.
- **Achtung:** Brennblase nicht überfüllen. Vor allem bei schäumender Maische, z. B. Kirschen, Steigraum von ungefähr 20 % des Fassungsvermögens der Blase frei lassen.
- Dickbreiige Maische, z. B. Quitten, mit Wasser verdünnen.
- Zugabe von Antischaummittel, wenn die Gefahr der Schaumbildung besteht.
- Zugabe von Amylase, wenn die Gefahr des Anbrennens besteht (bei dickbreiiger Maische).
- Zügiges Aufheizen der Maische bis kurz vor den Siedepunkt.
- Temperatur drosseln und langsam destillieren.

Ein Destillierboden in Betrieb.

Im Verstärker findet auf jedem Boden eine erneute Destillation statt.

- Bei einer 150-l-Brennblase mit einer Geschwindigkeit von etwa 10 l/h destillieren.
- Abbruch, wenn die Alkoholkonzentration an der Vorlage unter 5 %vol fällt.
- Dephlegmator (falls vorhanden) kühlen.
- Ausbeute: 20 bis 25 l Raubrand/100 l Maische.

Mehrere Raubrände werden gesammelt und nach Reinigung der Brennblase nochmals destilliert:

2. Arbeitsablauf Feinbrand
- Befüllen der Brennblase mit Raubrand.
- Langsames Aufheizen.
- Vorlauf und Nachlauf abtrennen.
- Abbruch, wenn die Alkoholkonzentration an der Vorlage unter 30 %vol fällt.
- Dephlegmator (falls vorhanden) kühlen.

Die Destillation mit Verstärker

Bei einem Brenngerät mit einer Verstärkerkolonne wird durch einmalige Destillation der Maische ein hochprozentiges Destillat hergestellt.

Arbeitsablauf
- Verstärkerböden eventuell mit Wasser füllen.
- Befüllen der Brennblase mit Maische. Steine und Hefesatz im Gärgefäß belassen.
- **Achtung:** Brennblase nicht überfüllen. Vor allem bei schäumender Maische, z. B. Kirschen, Steigraum von ungefähr 20 % des Blasenfassungsvermögens belassen.

- Dickbreiige Maische, z. B. Quitten, mit Wasser verdünnen.
- Zugabe von Antischaummittel, wenn die Gefahr der Schaumbildung besteht.
- Zugabe von Amylase, wenn die Gefahr des Anbrennens besteht (bei dickbreiiger Maische).
- Rührwerk einschalten.
- Kühlwasserzulauf am Dephlegmator öffnen und Temperatur kontrollieren.
- Zügiges Aufheizen, bis im Verstärker die ersten Alkoholschlieren zu erkennen sind.
- Temperatur drosseln und langsam destillieren.
- Bei einer 150-l-Brennblase mit einer Geschwindigkeit von etwa 5 bis 10 l/h.
- Vorlauf und Nachlauf abtrennen.
- Abbruch, wenn die Alkoholkonzentration an der Vorlage unter 30 %vol fällt.
- Nach der Destillation das Brenngerät durch Öffnen des Kühlwasserventils in den Grundzustand zurückversetzen. Der aufgeheizte Dephlegmator wird abgekühlt.

In der Brennblase befindet sich Apfelmaische, die Destillation kann beginnen.

Nach der Destillation liegt entgeistete Maische (Schlempe) vor.

Herstellung von Obstgeisten

Arbeitsablauf

- Verstärkerböden eventuell mit Wasser füllen.
- Befüllen der Brennblase mit dem Frucht-Alkoholbrei. Verdünnen mit Wasser.
- Zugabe von Antischaummittel, wenn Schaumbildungsgefahr besteht.
- Rührwerk einschalten.
- Kühlwasserzulauf am Dephlegmator öffnen und Temperatur kontrollieren.
- Zügiges Aufheizen, bis im Verstärker die ersten Alkoholschlieren zu erkennen sind.
- Temperatur drosseln und langsam destillieren.
- Bei einer 150-l-Brennblase mit einer Geschwindigkeit von etwa 5 bis 10 l/h Vorlauf und Nachlauf abtrennen.
- Abbruch, wenn die Alkoholkonzentration an der Vorlage unter 30 %vol fällt.

Variationen am Brenngerät

Der Grad der Verstärkung während der Destillation hängt weniger von der Anzahl der Verstärkerböden, sondern vor allem davon ab, wie viel kaltes Kühlwasser durch den Dephlegmator fließt.

Kühlwasserdurchfluss

Abhängig von der Kühlintensität des Dephlegmators wird der alkoholische Dampf mehr oder weniger lange in der Kolonne zurückgehalten und dementsprechend der Alkohol mehr oder weniger stark angereichert. Dies gilt auch für die sonstigen Inhaltsstoffe des alkoholischen Dampfs. Bei einem zu geringen Kühlwasserdurchfluss werden negative Bestandteile nicht mehr optimal im Vor- und Nachlauf angereichert und abgetrennt. Bei einem zu hohen Kühlwasserdurchfluss gehen dagegen auch wertbestimmende Aromastoffe nicht mehr ins Destillat über.

Es ist schwierig, eine allgemein gültige Einstellung für das Kühlwasserregelventil zu empfehlen, da diese stark von der Bauart des Dephlegmators, der Kühlwassertemperatur und der Größe des Brenngeräts abhängt. Der Hersteller des Brenngeräts kann für den Anfang sicher eine sinnvolle Einstellung empfehlen. Danach gilt es, selbst die optimale Feinabstimmung herauszufinden.

PRAXISTIPP: Bei zu geringem Kühlwasserdurchfluss werden negative Bestandteile nicht mehr optimal im Vor- und Nachlauf angereichert und abgetrennt. Bei zu hohem Kühlwasserdurchfluss gehen dagegen auch wertbestimmende Aromastoffe nicht mehr ins Destillat über.

Als Faustregel empfiehlt sich bei der Obstgeistherstellung eher ein geringerer Durchfluss, bei der Verwendung von nur einem oder zwei Böden dagegen eher ein etwas höherer Kühlwasserdurchfluss. Eine sehr hohe Verstärkung ist nur bei der Verarbeitung von nicht ganz einwandfreien Maischen, z. B. bei Essig- oder Milchsäurestich, sinnvoll. In der Praxis ist die Einstellung des Kühlwasserregelventils im Bereich um Stufe 2 üblich.

Anzahl der Böden

Lassen sich einzelne Verstärkerböden am Brenngerät ausschalten, kann der Brenner wählen, ob er bei der Destillation einen, zwei oder alle verfügbaren Böden verwendet. Allerdings ist diese Wahlmöglichkeit trügerisch, da es meist wenig Sinn macht, die Böden außer Funktion zu setzen. Die Grenzen von Vor-, Mittel- und Nachlauf verschwimmen dadurch zunehmend und eine saubere Abtrennung wird schwierig.

Oft wird zur Herstellung von Kirschwasser oder Beerengeisten die Verwendung von nur einem oder zwei Böden vorgeschlagen, mit dem Ziel, besonders aromareiche Destillate zu erhalten. Da aber heute der Trend, besonders bei qualitativ sehr hochwertigen und entsprechend teuren Obstbränden, hin zu saubereren, eleganten Destillaten mit feinen Fruchtnoten geht, wird immer die Verwendung aller drei Böden empfohlen.

Destillationsgeschwindigkeit

Je langsamer destilliert wird, desto besser reichern sich die Vor- und Nachlaufbestandteile zu Beginn bzw. am Ende der Destillation an, d.h. umso besser werden sie abgetrennt. Bei einem Brenngerät mit einer 150-l-Brennblase ist die beste Destillationsgeschwindigkeit zwischen 5 und 10 l/h.

PRAXISTIPP: Je langsamer destilliert wird, desto besser reichern sich Vor- und Nachlaufbestandteile zu Beginn bzw. am Ende der Destillation an und können umso besser abgetrennt werden.

Katalysator

Die Verwendung eines Katalysators ist auf jeden Fall zu empfehlen. Ursprünglich war er nur zur Herstellung ethylcarbamatarmer Steinobstbrände gedacht, doch der Kontakt der alkoholreichen Dämpfe mit der großen Kupferoberfläche führt auch bei Kernobstbränden zu saubereren Destillaten. Dies hängt damit zusammen, dass die Fettsäuren, die vor allem für den Nachlaufgeschmack verantwortlich sind, mit dem Kupfer zu schwer flüchtigen Salzen reagieren. Allerdings ist, wie schon oben erwähnt, auf eine sorgfältige und regelmäßige Reinigung der Kupferoberflächen zu achten, da ansonsten die Wirkung stark nachlässt.

Reinigung des Brenngeräts

Am einfachsten ist die Reinigung des Brenngeräts mit einer modernen Reinigungsanlage, einer sogenannten **Cip-Anlage** (Cleaning in place). Durch Sprühköpfe, die in der Brennblase, dem Helm, über den Verstärkerböden und dem Katalysator angebracht sind, wird Wasser oder auch Reinigungsmittel gleichmäßig aufgebracht.

Aber auch ohne Cip-Anlage muss die Brennerei regelmäßig gereinigt werden, da ansonsten die Qualität der Destillate stark leidet. Man rührt dazu das Reinigungsmittel direkt in der Brennblase an und verbindet die Brennblase und den Ausgang des Kühlers mit einem Schlauch. Mit Hilfe einer Pumpe spült man die Anlage 20 min zurück. Die Reinigung kann auch mit Hilfe eines Reinigungsabtriebs erfolgen, dazu werden die Verstärkerböden vor Beginn mit der Reinigungslösung gefüllt.

Eine gründliche Reinigung erfolgt in mehreren Stufen:

- Zunächst werden anhaftende Maischereste mit einer Bürste mechanisch entfernt.
- Dann wird die Anlage mit einem alkalischen Brennereireiniger gespült, um die Ablagerungen auf der Kupferoberfläche zu lösen. Hier sind mittlerweile relativ ungefährliche und trotzdem effektive fettlösende Brennereireiniger im Fachhandel erhältlich (siehe Bezugsquellen)
- Durch die anschließende Reinigung der Kupferoberflächen mit einer Zitronensäurelösung werden die Oxidschichten gelöst und das Kupfer wird wieder blank und reaktionsfähig. Für die Zitronensäurelösung werden 3 kg Zitronensäure in etwa 120 l Wasser angesetzt.
- Zum Schluss wird die Anlage mit klarem Wasser gespült.

Nach jedem Brand sollte das Brenngerät, wenn möglich mit heißem Wasser, zurückgespült werden. Hat das Kühlwasser von Dephlegmator und Produktkühler Lebensmittelqualität, bietet es sich an, es während der Destillation zu sammeln und anschließend zum Rückspülen zu verwenden.

DIE WEITERVERARBEITUNG DES DESTILLATS

Mit der Destillation ist der Obstbrand noch lange nicht fertig. Vor dem Genuss stehen noch einige Arbeitsschritte, auf die im Folgenden näher eingegangen wird. Speziell die Alkoholbestimmung ist anfangs eine Wissenschaft:

Die Alkoholbestimmung

Der Alkoholgehalt von Destillaten wird mit Hilfe eines **Alkoholometers** oder eines **Handbiegeschwingers** erfasst. Ein Alkoholometer besteht aus einem Schwimmkörper aus Glas und einem feinen Glasrohr mit Ablesescala. Bei genauen Alkoholometern befindet sich zusätzlich im Schwimmkörper ein Thermometer.

Das Prinzip der Alkoholbestimmung mit einem Alkoholometer beruht auf der unterschiedlichen Dichte von Alkohol-Wasser-Mischungen. Je höher der Alkoholgehalt, desto geringer ist die Dichte der Flüssigkeit, desto weiter sinkt das Alkoholometer in die Flüssigkeit ein. An der Alkoholskala befindet sich der niedrigste Alkoholgehalt am Anfang der Skala unten, der höchste Alkoholgehalt oben am Ende der Skala.

Zu beachten ist, dass sich Alkoholometer nur zur Bestimmung des Alkoholgehaltes in Alkohol-Wasser-Mischungen, z. B. in zuckerfreien Destillaten, eignen, da weitere Inhaltsstoffe wie zum Beispiel Zucker, Fruchtsaft oder Holzextrakte die Dichte verändern und dadurch am Alkoholometer ein falscher Wert abgelesen wird.

WICHTIG: Ein Alkoholometer eignet sich nur zur Bestimmung des Alkoholgehalts in zuckerfreien Destillaten, da weitere Inhaltsstoffe die Dichte verändern und ein falscher Wert abgelesen würde.

In gezuckerten oder holzfassgelagerten Destillaten, Likören, Weinen, Mosten und Maischen kann der Alkoholgehalt nicht direkt bestimmt werden. Vor der eigentlichen Bestimmung muss eine sogenannte **Probedestillation** durchgeführt werden, so dass man eine Alkohol-Wasser-Mischung erhält, von der sich der Alkoholgehalt mit Hilfe eines Alkoholometers bestimmen lässt. Dazu ist ein kleines Glasdestillationsgerät notwendig, welchem normalerweise auch eine ausführliche Anleitung beiliegt.

Das Alkoholometer bestimmt die Dichte einer Flüssigkeit. Die Dichte einer Flüssigkeit ist aber auch von der Temperatur abhängig. Das bedeutet, dass bei einer hohen Temperatur das Alkoholometer beim gleichen Alkoholgehalt weiter in die Flüssigkeit einsinkt als bei niedriger Temperatur. Man erhält also je nach Temperatur unterschiedliche Messwerte. Daher misst ein Alkoholometer nur bei einer bestimmten Temperatur genau, diese ist auf dem Gerät angegeben und beträgt meistens 20 °C. In der Praxis ist es aber zu umständlich, jede Probe auf 20 °C zu temperieren. Daher liest man am Alkoholometer den Alkoholgehalt und die Messtemperatur ab. Mit Hilfe einer Tabelle (der Temperatur-Korrektur-Tabelle, den sog. Amtlichen Alkoholtafeln) wird daraus der genaue Alkoholgehalt bei 20 °C ermittelt.

Bei einfachen Alkoholometern findet man manchmal Korrekturwerte an der Temperaturskala. Diese sind zur genauen Messung des Alkoholgehalts nicht geeignet, denn je nach Alkoholgehalt der Flüssigkeit sind andere Korrekturwerte notwendig, die nur in einem umfangreichen Tabellenwerk, wie oben beschrieben, nachgelesen werden können. Handbiegeschwinger können im gesamten Messbereich der Alkoholometrie eingesetzt werden, kommen mit nur 2 ml Probenmenge aus und korrigieren das Messergebnis selbstständig auf 20 °C. Diesen Geräten wird wohl die Zukunft in der Alkoholbestimmung auch in kleineren Brennereien gehören, da zeitsparend mit nur einem Gerät das gesamte Spektrum der Alkoholbestimmung im täglichen Brennereibetrieb exakt abgedeckt werden kann.

Bei Spirituosen muss auf dem Etikett der Alkoholgehalt in Volumenprozent (%vol) angegeben werden. Laut Gesetz darf die Angabe nur um ±0,3 %vol vom tatsächlichen Alkoholgehalt der Spirituose abweichen. Daher sollte man zum Herabsetzen von Obstbränden auf Trinkstärke nur sehr genaue Alkoholometer verwenden. Geeignet sind dafür geeichte oder eichfähige Alkoholometer der EG Klasse II oder III mit einer Genauigkeit von 0,1 %vol. Die Alkoholskala umfasst bei Alkoholometern der Klasse II einen Umfang von 10 %vol, bei der Klasse III dagegen 5 %vol. Die **Eichung** eines Alkoholometers bietet eine amtliche Garantie, dass der Gerätefehler an keiner Stelle der Ableseskala größer als ein Teilstrich ist. Das Eich-Sicherungszeichen befindet sich bei Euro-Alkoholometern an der Kuppe des Stängels. Das eigentliche Eichzeichen ist am

Die genaue Bestimmung des Alkoholgehaltes ist wichtig, wenn man Destillate verkaufen will.

Schwimmkörper, zwischen der Alkohol- und der Temperaturskala. Bei Alkoholometern, die nach deutscher Vorschrift geeicht sind, unterscheiden sich die vorgeschriebenen Zeichen etwas von den Euro-Alkoholometern, befinden sich aber an der gleichen Stelle.

Zur **Messung** füllt man die Probe in einen langen Glaszylinder, den Spindelzylinder. Dieser muss einen wesentlich größeren Durchmesser als das Alkoholometer aufweisen, damit das Alkoholometer bei der Messung frei schwimmen kann. Noch besser geeignet ist ein kardanisches Stativ. Durch eine spezielle Aufhängung des Glaszylinders bleibt dieser auch bei unebener Arbeitsfläche genau senkrecht und die Spindel kann immer frei schwimmen.

Vor der Messung müssen Alkoholometer und Spindelzylinder **sauber und fettfrei** sein. Nach dem Gebrauch werden Alkoholometer daher sofort mit Wasser gereinigt und mit einem fusselfreien Tuch abgetrocknet. Zusätzlich kann das Gerät auch noch mit hochprozentigem Neutralalkohol gereinigt werden, um Fettspuren zu entfernen. Der Spindelzylinder wird ebenfalls gründlich gereinigt und zum Trocknen mit der Mündung nach unten aufgehängt.

Das Alkoholometer wird nur an der Spitze gefasst und langsam in die Flüssigkeit eingetaucht, bis es frei schwimmt, d.h. keinen Kontakt mit der Wand des Spindelzylinders hat. Das Gerät darf nicht in der Flüssigkeit auf- und abpendeln. Luftblasen beeinflussen die Genauigkeit der Messung, daher sollte man gegebenenfalls das Alkoholometer aus der Flüssigkeit herausdrehen und vorsichtig erneut eintauchen bis die Luftbläschen verschwunden sind. Manchmal lösen sich die Bläschen auch durch vorsichtiges Drehen des Alkoholmeters oder durch leichtes Klopfen an den Glaszylinder. Nach etwa 2 Minuten wird der Alkoholgehalt und die Temperatur abgelesen. Die Ablesung des Alkoholgehalts erfolgt entweder „unten“ oder „oben“ am Flüssigkeitsrand. Befindet sich am Alkoholometer keine Angabe über die Art der Ablesung, so bedeutet dies immer „unten“. Die Blickrichtung sollte dabei möglichst waagrecht sein.

PRAXISTIPP: Da die Calcium- und Magnesiumsalze in Alkohol schlechter löslich sind, sollte zum Heruntersetzen von hochprozentigen Destillaten nur weiches Wasser mit einer Härte unter 4 °d verwendet werden.

Der Alkoholgehalt und die Temperatur werden notiert und der genaue Alkoholgehalt in den Amtlichen Alkoholtafeln nachgeschlagen.

Beispiel:
Abgelesene Messwerte: 79,3 %vol bei 17,6 °C
Amtliche Alkoholtafeln (Tafel Nr. 1): 79,9 %vol bei 20 °C

Die Wasseraufbereitung

Zum Herabsetzen des Destillats auf Trinkstärke verwendet man Wasser, das den Anforderungen der **Trinkwasserverordnung** genügen muss. Steht Leitungswasser aus der allgemeinen Trinkwasserversorgung zur Verfügung, stellt dies kein Problem dar. Wichtig ist jedoch auf jeden Fall die Kenntnis der **Härte des Wassers**, da die Verwendung von hartem Verschnittwasser zu Trübungen in der fertigen Spirituose führen kann. Oft entstehen erst nach einer längeren Lagerung oder durch Temperaturschwankungen weiße Flocken oder ein weißer Bodensatz.

Unter der Härte des Wassers versteht man seinen Gehalt an Calcium- und Magnesiumsalzen. Der Gehalt wird in „deutschen Härtengraden“ (°d) angegeben. Danach lässt sich Wasser in verschiedene Härtegrade einteilen:

- weich 0 bis 7 °d
- mittelhart 7 bis 14 °d
- hart 14 bis 21 °d
- sehr hart > 21 °d

Zur Prüfung der Wasserhärte stehen Schnelltests zur Verfügung. Durch eine Farbreaktion lässt sich der Härtegrad des Wassers einfach bestimmen.

Zum Enthärten von Wasser verwendet man in der Obstbrennerei sogenannte **Kationenaustauscher**. Diese Geräte bestehen aus einem zylindrischen Behälter mit Austauscherharz, durch den das Wasser geleitet wird. Normalerweise können die Geräte direkt an einen Wasserhahn angeschlossen werden. Es stehen auch Systeme zur Verfügung, die direkt in die Hauswasserversorgung eingefügt werden können. Das Austauscherharz tauscht die Härtebildner Calcium und Magnesium durch Natrium aus. Mit der Zeit wird das gesamte Austauscherharz mit Calcium und Magnesium beladen. Dann muss das Austauscherharz **regeneriert** werden. Dazu wird der Kationenaustauscher mit Kochsalzlösung gespült. Wichtig ist dabei, dass nach der Regenerierung so lange Wasser durch das Austauscherharz geleitet wird, bis es nicht mehr salzig schmeckt. Die Wirkung des Kationenaustauschers sollte mit Hilfe eines Schnelltests zur Wasserhärtebestimmung regelmäßig überprüft werden, so dass das Austauscherharz rechtzeitig regeneriert wird. Die Leistung des Kationenaustauschers richtet sich nach der Härte des Wassers: Je härter das Wasser, desto weniger Wasser lässt sich mit der gleichen Menge Austauscherharz enthärten. Mit der Zeit kann das Austauschermaterial durch die Verunreinigungen des Wassers verschmutzen und muss gereinigt oder durch neues Material ersetzt werden.

Wasser wird in der Brennerei auch zur Reinigung, als Kühlmittel und als Kesselwasser verwendet. Auch hier spielt die Qualität und die Härte des Wassers eine Rolle. Das **Reinigungswasser** bei der Lebensmittelherstellung unterliegt der Trinkwasserverordnung und muss – genauso wie das Verschnittwasser – dessen Bestimmungen genügen. **Kühl-** und **Kesselwasser** unterliegen nicht der Trinkwasserverordnung, sollten aber möglichst weich sein, da es beim Erwärmen von hartem Wasser zu Ablagerungen von Wasserstein kommen kann. Wird hartes Wasser zum Kühlen verwendet, so setzt sich in den Leitungen, im Kühler und im Dephlegmator eine immer dicker werdende Schicht von Kesselstein ab. Die Kühlwirkung nimmt dabei immer mehr ab, gleichzeitig wird der Kühlwasserbedarf immer größer und die Rohrleitungen werden angegriffen (Korrosion).

Durch Einbau einer Polyphosphatschleuse in die Kühlwasserleitung kann die Bildung von Wasserstein vermieden werden. Das Leitungswasser wird durch einen Zylinder mit einer Polyphosphatfüllung geleitet. Dabei werden kleinste Mengen Polyphosphat gelöst und das Wasser mit der zur Enthärtung notwendigen Polyphosphatmenge beladen. Mit der Zeit wird das Polyphosphat im Zylinder verbraucht und muss nachgefüllt werden. Da dem Wasser Polyphosphat zugesetzt wird, ist das „weiche“ Wasser nicht als Trinkwasser geeignet. Die Wirkung von Polyphosphat lässt bei einer Temperatur von über 76 °C stark nach. Daher ist diese Art der Wasseraufbereitung nur bedingt zur Enthärtung von Kesselwasser geeignet.

Das Herabsetzen des Destillats auf Trinkstärke

Üblicherweise werden Obstbrände auf eine Trinkstärke von 40 bis 45 %vol eingestellt, da sich das Aroma bei diesen Alkoholgehalten besonders gut entfalten kann. Möchte man seine Brände in den Verkauf bringen, müssen die hochprozentigen Destillate sehr sorgfältig auf Trinkstärke eingestellt werden. Auf dem Flaschenetikett muss der Alkohol-

WICHTIG: Möchte man seine Brände verkaufen, so müssen die hochprozentigen Destillate sehr sorgfältig auf Trinkstärke eingestellt werden, da der Alkoholgehalt auf dem Etikett exakt in Volumenprozent angegeben werden muss. Der Gesetzgeber toleriert nur eine Abweichung von ± 0,3 %vol.

gehalt exakt in Volumenprozent angegeben werden. Der Gesetzgeber toleriert nur eine Abweichung von ± 0,3 %vol.
Zum Herabsetzen muss zunächst die genaue Destillatmenge festgestellt werden und daraus die notwendige Wassermenge errechnet werden. Schwierigkeiten bereitet dabei meistens die Eigenart von Alkohol-Wasser-Mischungen: Verdünnt man 50 l reinen Alkohol mit 50 l Wasser so erhält man nicht 100 l einer Alkohol-Wasser-Mischung mit 50 %vol, sondern etwa 96,3 l mit 51,9 %vol. Diese Volumenänderung beim Mischen von Alkohol mit Wasser wird als **Kontraktion** (Zusammenziehung) bezeichnet. Es tritt jedoch keine Massenveränderung auf. Das heißt, 50 kg Alkohol plus 50 kg Wasser ergeben immer 100 kg. Daher ist es am einfachsten, wenn man das **Gewicht** des hochprozentigen Destillats mit einer genauen Waage bestimmt und den Alkoholgehalt in Massenprozenten (%mas) angibt. Steht keine Waage zur Verfügung, wird über das Volumen bei 20 °C und die Dichte gerechnet. Die entsprechenden Massenprozente und die Dichte kann man mit Hilfe der Amtlichen Alkoholtafeln leicht ermitteln.

Anhand eines **Rechenbeispiels** wird das Herabsetzen eines hochprozentigen Destillats mit Wasser auf Trinkstärke gezeigt:

Mit Waage

60 kg Destillat mit einem Alkoholgehalt von 79,9 %vol soll auf 40 %vol heruntergesetzt werden. Dazu werden zunächst die Alkoholgehalte mit Hilfe der Amtlichen Alkoholtafeln (Tafel Nr. 6) in Massenprozenten (%mas) angegeben:

79,9 %vol = 73,34 %mas

40,0 %vol = 33,32 %mas

Daraus lässt sich die notwendige Wassermenge als einfacher Dreisatz berechnen:

60 kg Destillat mit 73,34 %mas (Gewichtsprozent) Alkohol sind die Ausgangsbasis. Entsprechend sind in 60 kg Destillat 44 kg reiner Alkohol. Bei einem 40-%vol-Destillat ist dies der vollständige Alkoholanteil mit 33,32 %mas.

44 kg Alkohol entsprechen also dort 33,32 %mas. Teilt man nun die 44 kg durch 33,32 und multipliziert mit 100 erhält man die Gesamtmenge an Destillat mit 40 %vol, die nach dem Zufügen des Verschnittwassers vorhanden ist. In diesem Fall 132,06 kg. Von diesem Wert braucht man jetzt nur noch die Menge an vorhandenem Destillat (hier 60 kg) abziehen und man erhält die Wassermenge, die notwendig ist, um den gewünschten Alkoholgehalt von 40 %vol zu erhalten (hier 72,06 kg).

Ohne Waage

69,81 l Destillat (bei 20 °C) mit einem Alkoholgehalt von 79,9 %vol soll auf 40 %vol heruntergesetzt werden. Zunächst wird das Destillatvolumen in das Gewicht der Destillatmenge umgerechnet. Dazu benötigt man die Dichte des Destillats. Diese kann man ebenfalls den Amtlichen Alkoholtafeln (Tafel 6) entnehmen.

Eine Alkohol-Wasser-Mischung mit 79,9 %vol hat demnach eine Dichte von

0,8545 kg/l bei einer Bezugstemperatur von 20 °C.
daraus folgt:
69,81 l × 0,85945 kg/l = 60 kg

Nun lässt sich die notwendige Wassermenge wie oben beschrieben berechnen. Wasser hat die Dichte 1 kg/l, daher entspricht 1 kg Wasser genau 1 l Wasser, und zum Herabsetzen sind 72,06 l Wasser notwendig.

Zu empfehlen sind auch die Kontraktionstabellen nach Dr. Adam, mit denen durch Einsetzen von Korrekturzahlen einfach eine Einstellung auf Trinkstärke möglich ist.

Beim Verdünnen des hochprozentigen Destillats können **Trübungen** auftreten, da die Inhaltsstoffe des Destillats zum Teil in Alkohol besser löslich sind als in Wasser, z. B. Fettsäureethylester und Fettsäuren. Da die Zusammensetzung der Obstbrände je nach Obstsorte variiert, neigen die einzelnen Brände unterschiedlich stark zu Trübungen. Kirschbrände werden oft gar nicht trüb, Williams-Christ-Birnenbrände trüben sich dagegen sofort stark ein. Dauerhaft stabile Spirituosen ohne Trübung erhält man, indem man das Verschnittwasser vorlegt und den Alkohol unter Rühren langsam zufließen lässt. Auf diese Weise fallen die unlöslichen Stoffe gut aus und können so bei der anschließenden Filtration entfernt werden.

Die Filtration

Wie oben beschrieben, sollten die heruntergesetzten Obstbrände filtriert werden, um Trübungen nach dem Verdünnen mit Wasser zu entfernen. Vor der eigentlichen Filtration werden die Destillate heruntergekühlt und zwar unter die zu erwartende Lagertemperatur. Das hat folgenden Grund: Je kälter der Obstbrand, desto schlechter lösen sich seine Inhaltsstoffe und umso stärker ist die Trübung. Der Verbraucher lagert den Obstbrand vielleicht im Kühlschrank, oder der Brand wird auf dem Wochenmarkt verkauft oder beim Transport tiefen Temperaturen ausgesetzt, daher sollten die Destillate vor der Filtration einige Tage bei etwa −5 °C gelagert werden. Große Brennereien haben dafür ein Gefrierlager. Kleine Mengen können, in Kunststoffkanister abgefüllt, in der Gefriertruhe gelagert werden. Ansonsten kann man die Filtration im Winter durchführen und die herabgesetzten Brände vor der Filtration bei einer frostigen Wetterlage nach draußen stellen. Die Filtration erfolgt dann bei 0 bis −1 °C, dabei muss man darauf achten, dass sich der Obstbrand während der Filtration nicht zu stark erwärmt, da sich sonst wieder Inhaltsstoffe lösen, die dann später zu Trübungen führen können.

Bei sehr sauber gebrannten Produkten kann man auf die mehrtägige Kühlung verzichten. Sie sind oft so sauber, dass bei Alkoholkonzentrationen um 42 %vol selbst bei Kühlschranktemperatur keine Trübung einsetzt. Zur Sicherheit empfiehlt sich die Filtration nach einer Abkühlung auf 0 bis −1 °C für wenige Stunden.

Zur Filtration stehen unterschiedliche Geräte zur Auswahl. Hier werden nur einige – sehr zuverlässige – Geräte vorgestellt:

Für **Kleinstmengen** bis zu 20 l kann man einen einfachen, mehrere Liter fassenden **Filtertrichter** verwenden, der mit einem Faltenfilter bestückt wird. Die Faltenfilter gibt es mit verschiedenen Porengrößen (fein, mittel und grob),

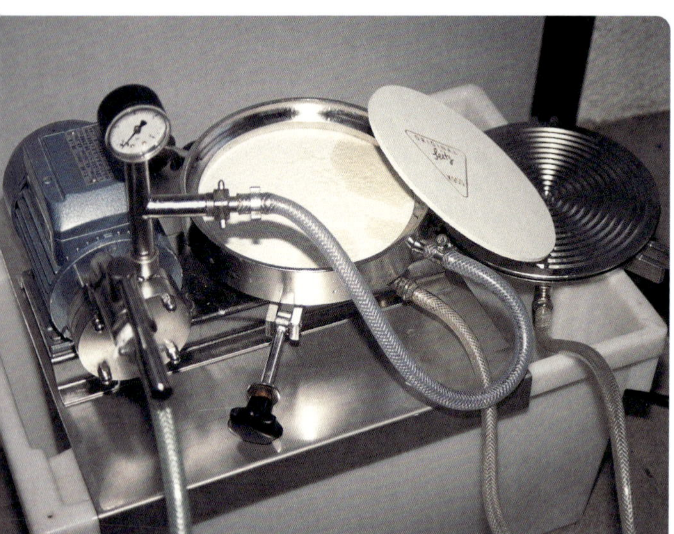

Wird Destillat mit Wasser auf Trinkstärke verdünnt, kann es zu Trübungen kommen, die mittels Schichtenfiltration entfernt werden können.

wobei sich zur Filtration von Obstbränden nur feines Filterpapier eignet. Möchte man den Filtertrichter nicht immer wieder von Hand nachfüllen, so lässt man das unfiltrierte Destillat von einem höhergestellten Vorratsgefäß mit regelbarem Ablauf (z. B. aus einem Glasballon mit Ablass oder einem Fass mit Hahn) langsam über den Filtertrichter in ein tiefer stehendes Gefäß laufen. Bei dieser Methode sollte man die Füllhöhe immer wieder kontrollieren, da die Filtrationsleistung mit der Zeit nachlässt.

Schneller und komfortabler arbeitet man mit sogenannten **Rundfiltern** mit elektrischer Pumpe. Je nach Gerätetyp können zwei bis vier runde Tiefenfilterschichten eingelegt werden. Man erreicht damit eine Filterfläche von bis zu 760 cm^2. Rundfilter eignen sich je nach Größe zur Filtration von bis zu 120 l Destillat. Für größere Mengen lohnt die Anschaffung eines **Plattenfilters**, der mit rechteckigen, 20 mal 20 cm großen Tiefenfilterschichten bestückt werden kann. Die Filterschichten werden zwischen hängende Filterplatten eingelegt und mit einer Spindel fest zusammengedrückt. Dadurch ist die Anzahl der Filterschichten sehr variabel, bei manchen Geräten können zwischen 5 und 20 Schichten eingelegt werden. Dadurch sind Plattenfilter theoretisch auch für die Filtration kleiner Mengen geeignet. Allerdings geht aufgrund der größeren Zuleitungen und Pumpen mehr Destillat verloren als bei den kompakter gebauten Rundfiltern.

Sowohl für Rund- als auch für Plattenfilter stehen **Tiefenfilterschichten** verschiedener Klärschärfe zur Verfügung, z. B. PallSeitzSchenk K-Reihe, Begerow KD oder Beco Select. Zur Herstellung trübungsstabiler Obstbrände verwendet man feine Schichten in einem Abscheidebereich von 4 µm bis 0,1 µm. Für die meisten Obstsorten reichen Schichten mit einer Porengröße von 1 bis 2 µm aus, für Brände die sehr stark zu Trübungen neigen, z. B. Williams-Christ-Birnenbrände, verwendet man besser feinere Schichten, z. B. K150, KD 10.

Filterschichten bestehen aus einem groben Netzwerk von Cellulose, in das Kieselgur oder Perlite mit einer hohen inneren Oberfläche eingearbeitet sind. Kunstharze dienen zur Erhaltung der Struktur und zum Zurückhalten von Mikroorganismen. Neuere Generationen von Filterschichten sind in der Lage, längerkettige Fettsäureester mit Nachlaufcharakter festzuhalten, wobei die wertgebenden, kurzkettigen Fettsäureester (Aroma) im Filtrat bleiben. Gleichzeitig werden Fuselöle, ätherische Öle und verschiedene Ionen zurückgehalten. Interessant sind hierbei auch die empfohlenen Filtrationstemperaturen bis zu +8 °C, wodurch das Destillat entsprechend weniger gekühlt werden muss.

Bei der Filtration mit Tiefenfilterschichten muss man einiges beachten:

- Zum Einlegen der Schichten sollte man unbedingt die Gebrauchsanleitung des Geräts zu Rate ziehen und die Ein- und Abläufe der Filterplatten beachten.
- Die Schichten müssen immer so eingelegt werden, dass die grobe Seite zum Einlauf zeigt, die feine Seite zum Ablauf.
- Tiefenfilterschichten sollten vor der eigentlichen Filtration gewässert werden, da sie einen Eigengeschmack besitzen, der unter Umständen den Obstbrand verderben kann. Normalerweise spült man den Filter so lange vor, bis das Wasser am Auslauf keinen Fremdgeschmack nach Papier mehr aufweist.
- Vorsicht ist bei der Filtration von Bränden aus unterschiedlichen Obstsorten mit der gleichen Filterschicht geboten. Bei hochwertigen Obstbränden verwendet man für jede Sorte besser neue Filterschichten.
- Tiefenfilterschichten sind Einmalartikel und sollten, auch wenn sie nicht vollständig erschöpft sind, nicht gelagert und wieder verwendet werden.

Anzumerken ist, dass bei jeder Filtration auch ein geringer Teil des Aromas verloren geht. Daher sollte nicht schärfer und kälter filtriert werden, als zur Herstellung trübungsstabiler Produkte unbedingt notwendig ist.

WICHTIG: Jede Filtration ist mit einem Verlust an Aroma verbunden, daher sollte nicht schärfer und kälter filtriert werden, als zur Herstellung trübungsstabiler Produkte unbedingt notwendig ist.

Die Zuckerung

Seit Dezember 2000 ist die Zuckerung von Obstbränden zur Geschmacksabrundung auch in Deutschland zulässig. Ausgenommen davon sind allerdings alle Erzeugnisse mit geografischer Herkunftsbezeichnung, z. B. Schwarzwälder Kirschwasser. Durch die Zuckerung können spitze, scharfe Töne im Geschmack abgemildert werden, so dass das Destillat insgesamt runder und harmonischer erscheint. Aber auch das Aroma tritt stärker hervor, sowohl die positiven als auch die negativen Noten. Das bedeutet, dass durch eine Zuckerung Geschmacksfehler nicht überdeckt, sondern meist noch verstärkt werden.

Dem fertigen Obstbrand dürfen bis zu 10 g Zucker pro Liter zugesetzt werden. Sinnvoll ist aber meist nur eine Zugabe von bis zu 5 g/l, da darüber hinaus der Schnaps schon deutlich süß schmeckt. Bevor man eine ganze Charge zuckert, sollte man eine kleine Versuchsreihe mit verschiedenen Zuckergehalten (z. B. 2 – 4 – 6 g/l) ansetzen und verkosten. Man kann normalen Haushaltszucker (Saccharose) oder Invertzuckerlösung verwenden. 72,7 %ige Invertzuckerlösung ist so eingestellt, dass 1 ml Lösung 1 g Zucker entspricht.

In gezuckerten Destillaten kann der Alkoholgehalt nicht mehr mit einer Spindel bestimmt werden, da sich durch den Zuckerzusatz die Dichte erhöht. Daher empfiehlt sich die folgende Arbeitsweise bei der Alkoholeinstellung und der Zuckerung:

- Das Destillat zuerst auf Trinkstärke einstellen. Dabei den Alkoholgehalt um 0,3 %vol höher einstellen, als später auf dem Etikett angeben werden soll – z. B. auf 40,3 %vol.
- Dann die genau berechnete Zuckermenge zugeben.

Diese Methode ist genau genug, um bei sorgfältiger Arbeitsweise den Schnaps mit einem Fehler von ±0,3 %vol (der gesetzlich zulässigen Abweichung) einzustellen (Kontrolle mit Probdestillation).

Einfaches Befüllen von Flaschen mit einem kleinen, vielseitigen Vakuumfüller.

Das Abfüllen, Verschließen und Etikettieren

Werden die Obstbrände verkauft, so ist beim Abfüllen und Etikettieren einiges zu beachten. Die Abfüllung und Etikettierung von Destillaten ist entweder arbeitsintensiv oder – bei Verwendung entsprechender Geräte – teuer. Aber egal wie abgefüllt wird, von Hand oder vollautomatisch, es gilt, ein Lebensmittel hygienisch einwandfrei und unter Einhaltung der gesetzlichen Vorschriften zu verpacken.

Bis zum heutigen Tag werden Spirituosen fast ausschließlich in Glasflaschen angeboten, idealerweise aus gefärbtem Glas, um den schädlichen Einfluss des Lichts zu mindern. Zu beachten ist außerdem, dass für Spirituosen nur ganz bestimmte Füllmengen zulässig sind und zwar:
0,01 – 0,02 – 0,04 – 0,05 – 0,10 – 0,20 – 0,35 – 0,50 – 0,70 – 1,0 Liter.

Somit ist nicht jede Weinflasche zur Abfüllung von Spirituosen geeignet. Außerdem muss die Füllmenge, die auf dem Flaschenetikett anzugeben ist, eingehalten werden. Welche Abweichungen bei welcher Füllmenge zulässig sind, ist in der Fertigpackungsverordnung und dem Eichgesetz festgelegt.

Bei Kleinstmengen lohnt sich die Anschaffung eines Abfüllgeräts meist nicht, und man wird von Hand abfüllen. Dafür eignen sich Glasballone mit Auslauf, die gleichzeitig als Lagergefäß dienen. Aus Gefäßen ohne Auslauf kann man das Destillat auch mit Hilfe einer speziellen Handpumpe, einem sogenannten Abfüllheber, in Flaschen abfüllen.

Die kleinsten elektrischen Geräte mit einer oder mehreren Abfüllstellen arbeiten mit Hilfe eines Vakuumsystems. Die

Füllhöhe lässt sich vorher genau einstellen und der Füllvorgang wird automatisch beendet, wenn diese Füllhöhe erreicht ist. Das Destillat wird mit Hilfe eines Schlauchs direkt aus dem Vorratsgefäß angesaugt. Man muss also nur noch die Flaschen von Hand wechseln. Die Leistung liegt je nach Gerät und Flaschengröße zwischen 200 bis 600 Flaschen/h. Eine ähnliche Leistung haben Abfüllgeräte, die nach dem Falldruck-Prinzip arbeiten. Sie sind leicht auf unterschiedliche Flaschenhöhen, Flaschendurchmesser und Füllhöhen einstellbar. Wie bei den Vakuumfüllern beginnt der Füllvorgang selbständig beim Einschieben der Flasche unter das Ventil und stoppt bei voller Flasche.

Hochwertige Spirituosenflaschen werden meist mit einem **Korken**, oft sogar mit einem Holzgriffkorken, verschlossen. Alternativ dazu werden meist etwas schlichtere, aber durchaus nicht weniger elegante Flaschen mit Schraubgewinde angeboten. Schraubverschlüsse haben den Vorteil, dass sie dicht schließen, keine Inhaltsstoffe abgeben und sich relativ einfach maschinell aufdrehen lassen. Korken haben den Nachteil, dass Inhaltsstoffe des Korks durch das Destillat herausgelöst werden können, die zu Verfärbungen, Ausflockungen und Geschmacksfehlern führen. Daher werden alternativ zu Natur-Holzgriffkorken auch Kunststoff-Holzgriffkorken angeboten. Bei diesem Verschluss ist der klassische Holzgriff mit einem geschmacksneutralen und alkoholstabilen (bis 50 %vol) Stopfen aus Polyolefinkunststoff verbunden.

Im Kleinstbetrieb werden die Flaschen gewöhnlich von Hand verkorkt oder mit einem vorgedrehten Schraubverschluss verschlossen. Werden die Schraubverschlüsse dagegen mit einer

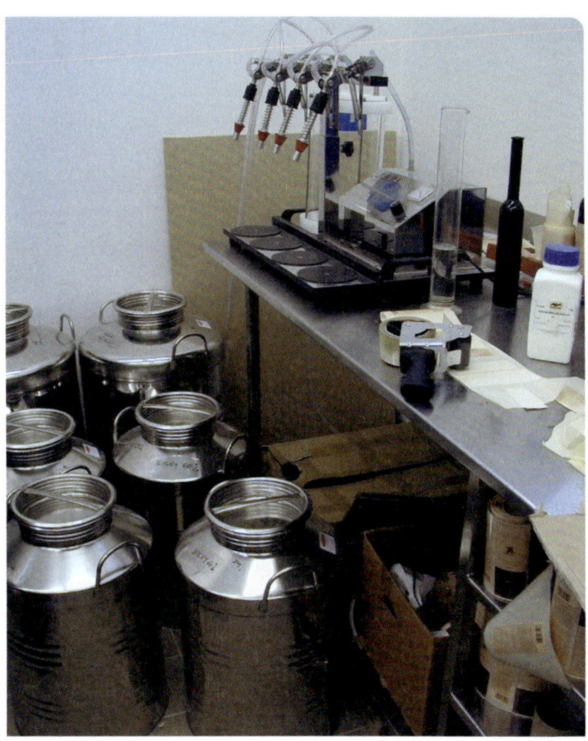

Größere Füllleistung durch mehrere Abfüllstellen.

Verschließmaschine angedreht, so verwendet man Rohlinge aus Aluminium ohne Gewinde, sogenannte Anrollverschlüsse. Eine Verschließmaschine verfügt normalerweise über verschiedene Verschließköpfe, so dass unterschiedlichste Gewinde und Flaschen verschlossen werden können. Bei einem halbautomatischen Gerät wird der Rohling des Anrollverschlusses von Hand aufgesetzt und die befüllte Flasche auf den Flaschenteller gestellt. Der Verschließkopf fährt herunter und startet den Verschließvorgang. Der Verschluss wird automatisch angerollt und der Sicherungsring festgedrückt. Die verschlossene Flasche wird von Hand entnommen und der Vorgang neu gestartet.

Es ist vorgeschrieben, dass die Spirituosenflaschen, ehe sie in den Verkauf kommen, mit einem sogenannten „Orginalitätsverschluss“ gesichert werden. Das bedeutet, dass der Verschluss nicht ohne Veränderung wieder verschließbar sein darf. Am einfachsten kann man sich mit einer **Papierbanderole** über Verschluss und Flaschenkopf behelfen, die beim Öffnen der Flasche zerreißt. Diese preisgünstige Methode bietet sich allerdings nur bei sehr kleinen Chargen an, da es zeitaufwendig ist, die Banderolen von Hand festzukleben. Ebenso zeitaufwendig und dazu noch recht teuer ist es, die Sicherung der Originalität mit Hilfe eines Siegels zu gewährleisten. Gängige Methoden sind: Die Verwendung von Schraubverschlüssen mit Sicherungsring oder, bei Zierflaschen mit Korken, das Überziehen des Flaschenkopfs mit Anschrumpfkapseln.

Nicht zuletzt gilt es, die abgefüllte Spirituose richtig zu deklarieren. Der Gesetzgeber schreibt folgende **Angaben auf dem Etikett** vor:

- Verkehrsbezeichnung,
- Alkoholgehalt in Volumenprozent (%vol),
- Füllmenge in l, cl, ml; Schriftgröße mindestens 4 mm,
- Adresse des Herstellers, Abfüllers oder Inverkehrbringers,
- Losnummer.

WICHTIG: Hochprozentige Destillate sollten grundsätzlich in Gefäßen aus Edelstahl, Glas oder Steingut mit Verschlüssen aus alkoholbeständigem Silikon gelagert werden.

Die **Losnummer** wird von vielen kleinen Herstellern vergessen. Dabei ist sie wichtig um nachzuvollziehen, wann und wie die Spirituose hergestellt wurde. Definiert wird ein Los als „die Gesamtheit von Verkaufseinheiten eines Lebensmittels, das unter praktisch gleichen Bedingungen hergestellt oder verpackt wurde“. Das bedeutet, dass eine Herstellungscharge, die zum gleichen Zeitpunkt abgefüllt wird, die gleiche Losnummer erhält. Bei möglichen Produktfehlern kann dann anhand der Losnummer die ganze Charge aus dem Verkehr genommen werden. Die Angabe eines Mindesthaltbarkeitsdatums ist nicht erforderlich, da Spirituosen fast unbegrenzt haltbar sind.

Lagerung

Über die Lagerung und Reifung von Destillaten gibt es viele Philosophien und Ansichten. Die persönlichen Erfahrungen der Autoren haben gezeigt, dass bei der Verarbeitung reifer, hochwertiger Früchte nach sauberer Vergärung und sorgfältiger Destillation immer sofort genießbare Produkte entstehen. Dies beweisen viele Destillate, die erst kurz vor Prämierungen destilliert wurden und Goldmedaillen erzielten. Vor allem fruchtige Destillate aus Williams, Quitten, Pfirsichen, Aprikosen oder auch passierten Maischen reagieren sogar sehr empfindlich auf längere und unsachgemäße Lagerung. Sie können oxidieren und selbst ranzig oder ölig schmecken; bei Williams kann dies mit einer leichten Gelbfärbung einhergehen.

Grundsätzlich werden hochprozentige Obstbrände in Edelstahl, Glas oder Steingut dunkel und kühl gelagert. Die Verschlüsse und Stopfen sollen aus hochwertigem Silikon bestehen und

Ausgewogene Harmonie von Holz und Frucht ist vorrangiges Ziel der Holzfasslagerung.

nicht – wie in der Praxis noch oft anzutreffen – mit alten Lappen umwickelte Korken oder Gummistopfen. Nur so werden Aromaveränderungen und Alkoholverluste vermieden.

Die Lagerung im **Holzfass** führt zu einer Harmonisierung der Endprodukte durch Holzinhaltsstoffe und Sauerstoff. Geeignet hierfür sind Fässer aus Limousin-Eichenholz und einigen anderen Hölzern, „naturbelassen“ oder mit den unterschiedlichsten „Toastungen“. Normalerweise unterscheidet man eine schwache, mittlere oder starke Toastung, was nichts anderes bedeutet, als dass das Fass mehr oder weniger stark ausgebrannt wurde, wodurch der rauchige Charakter der Endprodukte verstärkt wird.

Wird das Destillat in neue Holzfässer eingelagert, so ist immer Vorsicht geboten. Empfehlenswert ist auf jeden Fall eine mehrtägige Wässerung, um Verunreinigungen und unharmonische Fassinhaltsstoffe auszulaugen und zu entfernen. Gleichzeitig wird das Fass dadurch abgedichtet. Die nachfolgende Destillatbefüllung ist genau zu überwachen, oft ist schon nach 14 Tagen genügend Farbe und Holzcharakter ins Destillat übergegangen, und eine weitergehende Lagerung muss im Glasballon erfolgen. Der Fruchtcharakter darf durch das Fass nie erschlagen werden. Es ist nicht einfach, eine ausgewogene Harmonie zu erreichen.

Bei der Zweitbelegung kann das Destillat schon etwas länger im Fass belassen werden und bei den folgenden Belegungen wird die Lagerung entsprechend immer länger, um eine ausreichende Auslaugung der Holzinhaltsstoffe zu gewährleisten. Aus diesem Grund ist es auch interessant, gebrauchte Fässer nach einer Barrique-Lagerung von Weinen zu nutzen. Empfehlenswert für Anfänger auf diesem Gebiet sind Versuche mit im Handel erhältlichem Limousinholzextrakt oder auch Eichenholzspänen. Hier kann fein abgestimmt werden, wie viel Holz das Destillat verträgt und ob ein Destillat überhaupt zur Fasslagerung geeignet ist. Die empfehlenswerte Alkoholkonzentration der eingelagerten Produkte beträgt um die 55 %vol.

Glasballone mit Silikonstopfen und Auslauf als ideale und repräsentative Lager- und Verkaufsbehälter.

Holzfässer sind empfindliche Lagerbehälter und sehr pflegebedürftig. Gebrauchte Fässer müssen vor der Belegung mit einem Destillat mit einer alkalischen Lösung gründlich gereinigt und gewässert werden.

Möchte man gebrauchte Fässer ungenutzt aufbewahren, so muss man sie konservieren. Ansonsten ist mit einem Schimmelwachstum im Innern und einem damit verbundenen muffigen Ton zu rechnen. Am einfachsten belässt man etwas Destillat im Fass und verschließt es dicht.

Steht das Fass dagegen länger leer, empfiehlt sich eine Trocken- oder Nasskonservierung. Im ersten Fall wird jeden Monat eine nicht tropfende Schwefelschnitte entzündet und an einem Draht in den Fassraum gehalten, dann der abgebrannte Streifen entfernt und das Fass verschlossen. Bei der Nasskonservierung wird das saubere Fass mit Wasser befüllt, mit etwa 100 g Kaliumdisulfit und 30 g Zitronensäure pro 100 l Fassvolumen geschwefelt und verschlossen. Die Konservierung hält bis zu einem Jahr, das verdunstete Wasser sollte jedoch regelmäßig aufgefüllt werden.

Zu beachten ist, dass bei einer Wiederbelegung das konservierte Fass vorher gut gewässert wird, da immer die Gefahr besteht, dass das Konservierungsmittel ins Destillat übergeht und einen Geruchs- und Geschmacksfehler verursacht. Vorsicht ist bei der Verwendung von schimmeligen oder essigstichigen Fässern zur Destillatreifung geboten, da mit dem Übergang von Fehlaromen in das Destillat zu rechnen ist.

SO SCHMECKT'S

VERARBEITUNG DER FRÜCHTE UND SENSORISCHE KONTROLLE UND BEURTEILUNG DER ENDPRODUKTE

PRAXISTIPP: Bei Kernobst ist es von Vorteil, die gerbstoffreichen Stiele zu entfernen, um feine und weiche Destillate herzustellen.

Kernobst allgemein

Bei der Verarbeitung von Kernobst ist schon lange vor Beginn der Ernte und des nachfolgenden Einmaischens zu überlegen, wie das spätere Destillat bzw. dessen Qualität optimiert werden kann. Um besonders feine und weiche Endprodukte zu erreichen, ist es nicht nur bei Williams-Christ-Birnen von Vorteil, die gerbstoffhaltigen **Stiele** zu **entfernen**. Auch Mostbirnendestillate werden dadurch weicher und feiner im Gaumen. Gleiches gilt für alle Äpfel. Wem diese Tätigkeit von Hand zu mühsam ist oder wer größere Mengen verarbeitet, für den lohnt sich die Anschaffung einer Passiermaschine, die das einzumaischende Material nach der Zerkleinerung in fein püriertes Fruchtfleisch mit kleinen Schalenbestandteilen und „Feststoffen" (z. B. Stiele, Kerne und harte Teile des Kerngehäuses) trennt. Beim Kernobst besteht eine große Gefahr, dass sich bei Luftzutritt nach der Vergärung Kahmhefen in Form von weißen Belägen auf der Oberfläche der Maischen bilden. Bemerkt man eine beginnende Kahmhefebildung durch weiße Punkte auf der Maischeoberfläche, ist die Maische so schnell wie möglich zu destillieren.

Ohne das Wissen um die sensorische Beurteilung von Destillaten lassen sich sowohl positive als auch negative Eigenschaften des Endproduktes kaum analysieren.

Um den Erfolg und Forschritt der Verarbeitung genau zu verfolgen, ist die parallel laufende sensorische Beurteilung von Maischen und hauptsächlich der gewonnenen Destillate unumgänglich.

Die Sensorik (die sinnliche Wahrnehmung von Geruch und Geschmack) von Obstbränden ist eine Wissenschaft. Das heißt, die Beurteilung von Destillaten aus Kernobst, Steinobst und Beeren sowie von Geisten aus diesen Fruchtgruppen stellt eine große Herausforderung an den Hersteller dar. Am schwierigsten ist dabei die „**Ursachenforschung**". Nur so kann der Produzent sagen, durch welche Umstände bzw. Fehler bei der Herstellung ein letztendlich im Destillat aufzufindender Fehler entstanden ist.

PRAXISTIPP: Die Qualität eines Destillats beginnt mit der Auswahl und ganz besonders mit dem Reifezustand der Früchte.

Äpfel

Der Apfel ist das wichtigste Kernobst zum Brennen. Egal ob von der Streuobstwiese oder aus Anbaukulturen stammend, bietet er durch seine Sortenvielfalt ein unheimlich breit gefächertes Spektrum an Aromen. Wichtig ist dabei, dass die Früchte möglichst weitgehend ausgereift sind. Auch die Lagerung ist von Bedeutung. So erhält man z. B. aus Jonagold, die nach der Ernte vollständig ausreifen konnten und danach eingemaischt wurden, ein fruchtig-frisches, leicht grasig-herbes Destillat mit feinem Apfelcharakter. Werden die Äpfel bis März/April des fol-

Bittenfelder Äpfel bleiben lange am Baum hängen und sind auch bei später Ernte noch gut zur Maischebereitung und Destillation geeignet.

genden Jahres gelagert und dann die nicht mehr verkauften Früchte eingemaischt und destilliert, erhält man ein etwas breiteres, fast bananenartig anmutendes Destillat mit aber noch deutlich erkennbarer Apfelcharakteristik. Ähnliches gilt für Golden Delicious und viele andere Apfelsorten.

Sensorik: Dass aus Äpfeln von Streuobstwiesen nur minderwertige und raue Destillate hergestellt werden können, ist ein Vorurteil. Das Gegenteil ist der Fall. Destillate aus alten Luikensorten oder Gewürzluiken, Manks-Küchenapfel, Raafs Liebling, Börtlinger oder Trierer Weinapfel, aus Kardinal Bea bis hin zum Hauxapfel überraschen immer wieder durch die Vielfalt und Vollmundigkeit der daraus hergestellten Edelbrände. Selbst der frühe Klarapfel ergibt ein angenehmes und fruchtiges Destillat.

Die verschiedenen Apfelsorten bieten ein kaum vorstellbares Spektrum unterschiedlichster Geruchs- und Geschmacksausprägungen. Die Aromen reichen von frischen, fast zitronenartigen Tönen bis zu weichen, geradezu bananenähnlichen Komponenten. Apfeldestillate sind in der Regel würzige, nach frisch geriebenen Äpfeln riechende Produkte, die im Geschmack leicht grasig und etwas schalig oder auch leicht weinig sein dürfen. Häufige Fehler beruhen auf Kochtönen, die durch eine falsche Destillationstechnik hervorgerufen werden oder einem derbrauen Geschmack durch stark schorfbefallene Früchte, Blätter und Stiele. Destillate aus vergorenen Mosten sind oft von Kahmhefen befallen und führen zu typisch mostig rauen Produkten mit wenig Eigencharakter.

Williamsbirnen sollen bei der Verarbeitung genussreif sein. Das Bild zeigt Früchte, die diese Genussreife schon etwas überschritten haben.

Williams-Christ-Birnen und andere Tafelbirnen

Birnen gehören zu den besonderen Kostbarkeiten unserer Erde und sind wohl in jedem Obstgarten zu finden. Zur richtigen Zeit geerntet und gegebenenfalls entsprechend gelagert, bieten sie einzigartige Aromen und verbinden diese mit angenehmer Fruchtsäure und bei Tafelbirnen oft hohem Saftanteil. Eine Spitzensorte als Tafelfrucht oder in der Konservenindustrie stellt die Williams-Christ-Birne dar. Sie kam Anfang des 19. Jahrhunderts in die USA und fand von dort aus weite Verbreitung unter dem Namen „Bartlett“. Auf warmen, nährstoffreichen Böden in geschützten Lagen bilden sich köstliche Früchte, deren unverwechselbares Aroma dieser Birnensorte zu einzigartiger Beliebtheit unter den Kennern von Obstdestillaten verholfen hat.

Obwohl ein Williams bei fast jedem Obstbrenner im Verkaufsraum steht, treten bei der praktischen Verarbeitung immer wieder Probleme auf, vom Einmaischen bis hin zur Filtration. In Einzelfällen ist das Destillat bis zur Unkenntlichkeit verunstaltet. Nur die Kenntnis aller möglicher Fehlerquellen schützt den Verarbeiter vor bitteren Erfahrungen.

Die Qualität des späteren Destillates hängt mit der Auswahl und im Besonderen mit dem Reifezustand der Früchte zusammen. Der Brenner hat heutzutage fast unendlich viele Möglichkeiten der Rohstoffbeschaffung zur Auswahl. Werden die Birnen nicht selbst angebaut, stammen die Früchte aus Deutschland, Italien, Frankreich oder Ungarn. Transport und Lagerung erfolgen in Kisten von 20 bis zu 1000 kg; bei Letzteren kann man sich schon vorstellen, wie die unteren Lagen aussehen. Auch kann man Maische direkt und unvergoren von der Obstanlage kaufen, verschiedene Händler bieten bereits vergorene Maischen an. Die einzumaischenden Birnen müssen reif, dürfen aber noch nicht teigig sein. Man geht immer mehr dazu über, Williamsbirnen schon kurz vor der Vollreife einzumaischen, da erfahrungsgemäß frischere und vom Duft her wesentlich feingliedrigere Destillate entstehen.

Wegen des geringen Säuregehalts der Birnen in Verbindung mit wenig Zucker ist die Einstellung des pH-Wertes auf 2,8 bis 3,1 in der Maische besonders wichtig, da hiermit die Vermehrung von Bakterien unterbunden wird. Ob Pektinasen notwendig sind, bleibt dem einzelnen Verarbeiter überlassen. Nach eigenen Erfahrungen bei der Verarbeitung von Williamsbirnen ist der Einsatz solcher Präparate bei sachgemäßem Zerkleinern der Früchte weder aus arbeitstechnischen Gründen noch aus Kostengründen zu rechtfertigen. Dagegen ist es unbedingt empfehlenswert, die Gärung durch den Zusatz von Reinzuchthefen einzuleiten. Die Gärtemperatur sollte 18 °C nicht überschreiten, aber auch nicht unter 14 °C absinken. Unter diesen Bedingungen ist die Maische in 4 bis 6 Wochen komplett und aromaschonend vergoren und sollte sofort destilliert werden. Ob die Maische vollständig vergoren ist, lässt sich mit dem sogenannten Zuckerschnelltest oder dem Vergärungsgrad bestimmen.

Passierte Williamsbirnen sind innerhalb von 8 Tagen vergoren und können destilliert werden.

Über die Destillation von Williamsmaischen ist viel diskutiert worden, was auch in Zukunft noch anhalten wird. Gute Ergebnisse konnten mit annähernd druckloser und langsamer Destillation über alle drei Böden mit Dephlegmator erreicht werden. Entscheidend für die Qualität des Destillates ist besonders bei Tafelbirnen die sorgfältige **Abtrennung des Nachlaufs**. Grundsätzlich sind zwei verschiedene Typen von Williamsdestillaten bei den Herstellern erhältlich:

- Zum einen sind dies Produkte, bei denen der Brenner „immer bei 40 %vol" auf Nachlauf umschaltet. Diesen Destillaten entströmt schon beim Öffnen der Flasche ein fast schon unangenehmer, schwerer Geruch nach Williamsbirnen. Bei den Verbrauchern, die Obstbrände immer noch gekühlt trinken, erfreut sich diese Spirituose großer Beliebtheit, da der Flasche selbst bei Kühlschranktemperatur immer noch ein intensiver Geruch entströmt.
- Zum anderen findet man Destillate bei denen der Destillateur schon zwischen 80 und 75 %vol nach sensorischer Prüfung auf Nachlauf umgestellt hat. Das so entstandene Destillat unterscheidet sich grundlegend von seinem Vorgänger. Werden diese Brände ins Glas geschenkt, benötigen sie zwar bei Zimmertemperatur einige Zeit, um ihr volles Aroma zu entfalten, danach überzeugen sie aber durch ihre Reintönigkeit und Ausdruckskraft. Bei dieser Destillationsweise fallen große Nachlaufmengen an, die einer weiteren Destillation unterzogen werden können. Das entstandene Produkt ist durchaus verwendbar und kann in einigen Fällen sogar mit dem Erstdestillat verschnitten werden.

Die Ulmer oder Albecker Butterbirne erlangt am Baum Genussreife und ist durch ihren feinen Geruch und Geschmack gut zur Destillation geeignet.

Durch die besonderen Inhaltsstoffe der Williamsbirne kommt es zu einer milchigen Trübung, wenn das hochprozentige Destillat mit Wasser verschnitten wird. Die herabgesetzten Destillate sollten daher nach vorheriger Kühlung auf −1 °C relativ scharf (z. B. Filterschicht K100) filtriert werden. Bei starker Trübung empfiehlt es sich die Temperatur auf −5 °C abzusenken.
Sensorik: Bei der Williamsbirne steht der „Williamsester" im Vordergrund. Dieser bereits in der Birne vorkommende Aromastoff bestimmt das Bild der Williamsdestillate mit ihrem süßlich-weichen Aroma. Destilliert aus der reifen Frucht mit noch schnittfestem Fruchtfleisch, eingebettet in sauberen Alkohol, entstehen die so gewünschten

intensiv duftenden Destillate mit fruchtig-angenehmem Geschmack und Frische am Gaumen, eventuell leicht schalig im Abgang. Unerwünscht sind breite, nachlaufgeprägte Destillate mit zuerst scheinbar intensiver Frucht, aber nach kurzer Zeit auftauchender Unsauberkeit, vor allem im leeren Glas. Das feine Bild der Williamsbirnen wird ebenfalls gestört durch Gerbstoffe aus Stielen und Kerngehäusen, die leicht adstringierend und bitter schmecken und einen krassen Gegensatz zur feinen Frucht bilden.

Mostbirnen, Brennbirnen, Dörrbirnen

Viele Sorten von Most- oder Brennbirnen sind lokale Spezialitäten und können zu charaktervollen, kräftigen Destillaten verarbeitet werden. Nägelesbirne und Karcherbirne eignen sich hervorragend zu Brennzwecken ebenso wie auch die noch vielseitiger nutzbare und früher reifende Ulmer Butterbirne oder das Stuttgarter Gaishirtle. So findet man in vielen Regionen typische Spezialitäten, wie die Subirer in Voralberg oder die Weinbirne in Kärnten, die hervorragende Destillate liefern. Immer wieder wurde versucht, auf Streuobstwiesen ohne oder nur mit wenig Pflanzenschutz wachsende Birnensorten zu finden, die im Aroma der Williamsbirne ähneln, deren Zuckergehalt aber wesentlich höher ist. Die Wahlsche Schnapsbirne entspricht am ehesten diesen Anforderungen.

Wenn bei anderen Mostbirnensorten Stiele, Kerne und harte, unreife Bestandteile entfernt werden, die den Geruch und Geschmack stören, kann das eigentliche Birnenaroma besser und deutlicher hervortreten.

Grundsätzlich dürfen nie teigige oder überreife Birnen verarbeitet werden. Birnen, die bei warmen Temperaturen längere Zeit auf dem Boden liegen, neigen an beschädigten Früchten schnell zu Gärung und Essigbildung. Oft riecht man diesen sauren Duft schon, wenn man in die Nähe dieser Bäume mit den darunter liegenden Früchten kommt. Früchte, die unreif von den Bäumen geschüttelt und verarbeitet werden, führen zu bitteren und rauen Destillaten.

Sensorik: Fast alle Birnensorten liefern vielseitige und würzige Destillate. Da sie nicht von einem bestimmten Aromastoff geprägt werden, sind sie wesentlich schwerer zu beurteilen als Williamsdestillate. Da die Birnen oft von riesigen Hochstämmen stammen und man bei der Ernte auf das Fallen der Früchte angewiesen ist, muss bei einigen Sorten eine leicht teigige – aber keinesfalls faulige oder gar essigstichige – Note akzeptiert werden. Auch die Gerbstoffe sind typische Inhaltsstoffe vieler dieser Birnensorten und prägen das Destillat mit. Sie sorgen in Verbindung mit dem Birnenaroma, vor allem im Gaumen, für eine besondere Kraft und Würze der Produkte. Ein etwas rauerer und leicht pfeffriger Abgang ist dabei möglich. Werden die Früchte passiert und so Stiele, Kerne und harte, schorfige Schalenbestandteile abgetrennt, tritt der jeweilige Birnencharakter in den Vordergrund und man erhält fruchtig-weiche Destillate mit vielleicht etwas kürzerem Abgang und schwächerer Intensität am Gaumen. Abzulehnen sind intensiv teigige oder oxidierte Destillate, die einen unangenehmen, fast ranzigen und öligen Eindruck im Mund hinterlassen.

Die Zerkleinerung erfolgt mit der Kernobst-schneidmühle.

Diese Maische enthält die gesamten Bestandteile der Birne: Fruchtfleisch, Schalenteile, Kerne und Stiele.

Um Stiele, Kerne und andere unerwünschte Bestandteile zu entfernen, ist die Passiermaschine gut geeignet.

Letztendlich kommen nur das Fruchtmark und kleinere Schalenbestandteile zur Vergärung – das Destillat ist aufgrund des Fehlens von störenden Gerbstoffen weich und aromatisch und der Birnencharakter tritt in den Vordergrund.

Quitten

Die ursprüngliche Heimat der Quitten liegt östlich des Schwarzen Meeres und entlang des Südufers des Kaspischen Meers in Vorderasien. Seit einigen tausend Jahren kultiviert, zählt die Quitte zu den ältesten Obstarten. Ihr Wohlgeschmack und ihre heilende Wirkung ist bei uns seit Jahrhunderten bekannt und geschätzt, wobei vor allem der liebliche und einzigartige Geruch unter Kennern von Destillaten und Likören geschätzt wird. Besonders intensiv duften kleine **Apfelquitten**, die man oft als Halbstämmchen in Vor- und Hausgärten findet. Nach der Ernte sollten die Quitten etwa 10 bis 14 Tage in Kisten nachreifen, dabei ist etwas von dem Geruch zu erahnen, der das spätere Endprodukt kennzeichnet. Das Fruchtfleisch darf während der Lagerung nie braun werden. Auch Birnenquitten und Zierquitten sind zum Einmaischen geeignet.

Um die harten Früchte mit hohem Pektinanteil aufzuschließen, ist eine leistungsstarke Mühle und die Zugabe von Pektinasen notwendig. Wer die Möglichkeit dazu hat, sollte einen Teil der Quitten pressen und den Saft zur Maische geben. Dadurch ist die Maische nicht mehr so trocken und gärt leichter an. Da im Saft weniger Pektin gelöst ist, wirkt sich die Saftzugabe auch positiv auf den späteren Methanolgehalt des Destillats aus. Bei der Zugabe von Birnensaft muss mit einer Aromaverschiebung gerechnet werden. Am wichtigsten bei der Quittenverarbeitung ist die **Entfernung der feinen Härchen**, entweder von Hand oder mit einem Hochdruckreiniger, ansonsten ist mit Aromaveränderungen hin zu rauen und ranzig anmutenden Destillaten zu rechnen. Die Alkoholausbeute aus Quitten ist aufgrund des niedrigen Anteils an vergärbaren Zuckern schlecht und der Verfasser konnte noch nie den gesetzlich festgelegten Ausbeutesatz von 3,6 l reinen Alkohol/100 kg Quitten erreichen.
Sensorik: Durch ihr einzigartiges Aroma besitzt die **Quitte** eine Sonderstellung im Kernobstbereich. Intensiver Duft, besondere Frische und leichte Zitrusnoten bestimmen das Gesamtbild. Apfelquitten bilden mit ihren fast schon überaromatisierten, im Geschmack oft etwas hart und rau erscheinenden Destillaten die Krönung des Quittenaromas. Bei den Birnenquitten sind elegant duftende und am Gaumen etwas weichere Destillate möglich. Großfruchtige, zumeist weichere Birnenquitten aus der Türkei oder Griechenland besitzen häufig eine etwas geringere Aromaintensität, ergeben aber wiederum hervorragend weiche Destillate mit einem schönem Charakter. Abzulehnen sind Destillate, bei denen die Ausgangsfrüchte nicht enthaart wurden und die sich deshalb ranzig oder fast buttrig präsentieren. Auch alte, oxidierte, wenig frische Destillate sind unerwünscht.

Steinobst allgemein

Die Verarbeitung von Steinobst und vor allem von Kirschen hat in den vergangenen Jahren einen enormen Wandel erfahren. Dies liegt einerseits an den strengeren gesetzlichen Vorgaben bezüglich des Blausäuregehalts und des daraus gebildeten gesundheitsschädlichen Ethylcarbamats. Andererseits sind die Ansprüche der Verbraucher an die Qualität stark angestiegen. Diese Veränderungen werden besonders deutlich bei den Prämierungen, die von den verschiedensten Verbänden und Organisationen ausgerichtet werden, wobei eine Vielzahl von Steinobstdestillaten

INFO: Die Verarbeitung von Steinobst hat in den letzten Jahren einen enormen Wandel erfahren. Dem klassischen, bittermandelbetonten Destillat, bei dem die ganze Frucht verarbeitet wird, stehen moderne, fein-fruchtige Brände aus dem reinen Fruchtfleisch gegenüber.

nebeneinander bestehen müssen. Hatte man dabei früher vor allem mit mehr oder weniger starken Qualitätsmängeln wie Vorlauf- und Nachlauffehlern, Essigstich oder Fehlgärungen zu kämpfen, ist die Qualitätsbeurteilung heutzutage wesentlich schwieriger geworden. Grundsätzlich stehen sich heute zwei Produkttypen aus der gleichen Frucht gegenüber, die sich aus der unterschiedlichen Verarbeitung der Früchte ergeben:

- Das klassische, saubere Destillat bei dem die gesamte Frucht mit Stein verarbeitet wurde und
- der „moderne“, fruchtig-elegante und filigrane Edelbrand aus dem reinen Fruchtfleisch.

Beide Destillate haben ihre Liebhaber, werden in hochwertiger Qualität produziert und können gleichberechtigt nebeneinander stehen.

Durch neue rechtliche Bestimmungen und technische Vorschritte kann der Kleinbrenner heute bei der Maischebereitung die Steine abtrennen und nur das Fruchtfleisch verarbeiten. Im kleineren Maßstab wird bei vollreifen Früchten mit Hilfe eines Rühr-Schneidgeräts das Fruchtfleisch größtenteils von den Steinen getrennt und eine homogene Maische erzeugt. Die Steine sinken nach der Vergärung auf den Boden des Gärbehältnisses ab oder sammeln sich, was bei Brennkirschen häufig beobachtet wird, im Tresterhut und können so vor der Destillation größtenteils vom vergorenen Fruchtmaterial abgetrennt -werden. Es entstehen Brände mit zart eingebundener Bittermandelnote und dennoch deutlich wahrnehmbarer Fruchtnote. Größere Mengen können mit Hilfe einer Entsteinmaschine entsteint werden.

Kirschen

Optisch ansprechende rote Kirschen sind ein Symbol für Wohlgeschmack, Süße und Frische. Oft enttäuscht ist man von dem daraus hergestellten Destillat, welches häufig nur nach „Marzipan“ riecht und schmeckt.

Die Kultursorten der Süßkirsche stammen von der **Vogelkirsche** ab, einem auch heute noch in lichten Mischwäldern anzutreffenden, großen Baum. Die kleinen, in verschiedenen Rottönen vorkommenden Früchte können vergoren und zu hochwertigen und schon allein aufgrund des hohen Arbeitsaufwandes teuren Destillaten verarbeitet werden. Doch die meisten Kirschdestillate stammen wohl aus sogenannten **Brennkirschen**, etwas kleineren, schwarzroten, oft schüttelbaren Kirschen mit – im Vergleich zu Herz- oder Knorpelkirschen – mehr als doppelt so hohem Zuckeranteil (bis 120 °Oe). Allen Kirschen gemeinsam ist die Erntezeit in den Sommermonaten. Die Temperatur beim Einmaischen sollte deutlich unter 20 °C liegen, daher ist es nicht ratsam über den Tag hinweg zu ernten und die von der Sonne aufgeheizten Früchte einzuschlagen, sonst kommt es zu einer sehr stürmischen Gärung und Aromaverlusten.

Geschüttelte Brennkirschen sind häufig durch anhaftende Stiele, Blätter und Ästchen verunreinigt, die unbedingt vor dem Einmaischen entfernt werden müssen. Gepflückte Kirschen werden ohne Stiel verarbeitet. Die Früchte müssen zumindest angequetscht werden, damit der Saft und damit der Zucker herausfließen kann und von den Hefen vergoren wird. Aufgrund der Erntezeit im Sommer empfiehlt es sich, die Maische anzusäuern. Der Zusatz einer Pektinase ist bei Brennkirschen sinnvoll.

Eine Besonderheit bei Kirschen ist der relativ hohe Anteil an Sorbit, einem unvergärbaren Zuckeralkohol, der in Lebensmitteln auch als Zuckeraustauschstoff verwendet wird. Der süße Geschmack des Sorbits täuscht den Eindruck vor, dass hohe Alkoholausbeuten zu erwarten sind. Seine Unvergärbarkeit macht diese Erwartungen schnell zunichte. Mehr als 5 % der vorhandenen Zucker können bei Kirschen in Form von Sorbit vorliegen.

Die Verarbeitung von Kirschen hat nicht nur im Schwarzwald, sondern auch in der Schweiz eine lange Tradition. Dort wird jeder Kirschbaum nach Lage, Sorte, Alter usw. erfasst, das dient dem Sortenerhalt und erleichtert nicht zuletzt die sortenreine Verarbeitung der mehreren hundert verschiedenen Kirschsorten. Wie auch andere Früchte zeigen Kirschen durchaus Sortencharakter in Destillaten. Wer schon einmal ein Destillat aus Brennkirschen mit einem Produkt aus Herzkirschen verglichen hat, erkennt die Vielfalt und das Poten-

Kirschen sind traditionelle Rohstoffe in der Brennerei – die einzelnen Sorten sind auch im Destillat wiederzuerkennen.

Kommen Früchte im Sommer warm in das Gärbehältnis, kann die Vergärung so impulsiv verlaufen, dass Behälterdeckel abgesprengt werden.

zial solcher Sortenunterschiede. Der Hersteller kann darüber hinaus durch die unterschiedliche Verarbeitung (mit oder ohne Stein oder einem gewissen Steinanteil und genaue Vorgehensweise bei der Destillation) den Geschmack eines Kirschdestillats stark beeinflussen.

Auch Sauerkirschen eigenen sich zum Einmaischen. Der Zuckeranteil liegt bei einzelnen Sorten oft noch höher als bei Tafelkirschen, wird jedoch geschmacklich durch den hohen Säureanteil in den Hintergrund gestellt. Bei der Verarbeitung ist das gleiche zu beachten wie bei Brennkirschen.
Sensorik: Die Vielfalt der Kirschsorten bietet eine Fülle unterschiedlichster Destillate. Zuckerreiche Brennkirschen liefern würzige, breit-aromatische Destillate, die bei Verarbeitung mit Stein einen deutlich wahrnehmbaren Bittermandelcharakter haben können. Ebenso ist ein angenehmer Geschmack in Richtung Bitterschokolade gehend möglich. Entsteinte Destillate sind frisch, vielleicht etwas alkoholisch, besitzen aber ebenfalls eine dezente, leicht pfeffrige Würze und im Hintergrund einen wahrnehmbaren, leichten Bittermandelton. Tafel- oder Herzkirschen liefern sortenbedingt sehr unterschiedliche Destillate. Produkte aus rot-weißen Kirschen ähneln fast den Wildkirschdestillaten, solche aus dunklen Knorpelkirschen erinnern an die frisch-fruchtigen, knackigen Früchte mit zartem, elegantem Geruch und weichem, leicht würzigem Abgang.

In der Regel sind Sauerkirschdestillate etwas aromatischer als Produkte aus süßen Kirschen. Zarte Bittermandelnoten sind erwünscht und vervollständigen den fruchtigen Geschmack durch dezente Würze.

Zwetschgen, Pflaumen, Mirabellen

Destillate aus der **Hauszwetschge** können immer wieder begeistern, trotzdem verfaulen diese Früchte in guten Erntejahren tonnenweise unter den alten knorrigen Bäumen auf den Streuobstwiesen. Der Markt für dieses Produkt liegt nun schon viele Jahre am Boden, durch falsche Verarbeitung und daraus resultierenden schlechten und übel riechenden Destillaten und durch die oft falsche Behauptung hoher Blausäuregehalte in Zwetschgenwässern.

Bei schonender Verarbeitung ausgewählter Rohware entstehen Zwetschgenbrände von hoher Qualität, die ihre Liebhaber gefunden haben. Um diese hohe Qualität zu erhalten, ist es wichtig, die Früchte im prallen, vollreifen

Zustand zu ernten, wenn sich das Fruchtfleisch langsam von grünlich nach goldgelb verfärbt. Die Früchte sollten auf keinen Fall am Ansatz des Stieles schon Falten zeigen. Man schüttelt die Zwetschgen auf saubere Planen, sammelt sie ohne Verunreinigungen auf und wäscht sie danach eventuell noch. Mit einem Rühr- und Schneidgerät, einer großen Maischepumpe oder auch durch Zerstampfen werden die Früchte eingemaischt. Jede Frucht muss dabei zumindest angerissen sein. Bei großen Mengen ist der Einsatz einer Entstein- und Passiermaschine lohnend. Die Steine und der Hefesatz am Boden dürfen keinesfalls mitgebrannt werden, da ansonsten der blumig-fruchtige Geruch und Geschmack sowie die feinen zimtartigen Nuancen im Aroma überdeckt werden. Die vergorene Maische sollte nicht zu lange lagern, nicht wie früher oft bis März/April des auf die Ernte folgenden Jahres.

Die Verarbeitung von **Pflaumen** und **Mirabellen** erfolgt ähnlich wie bei den Zwetschgen, wobei durch die etwas frühere Erntezeit im Sommer mehr auf die Einhaltung niedriger Gärtemperaturen zu achten ist. Bei Mirabellen kann ein geringer Steinanteil mitverarbeitet werden. Ungefähr 20 % der Früchte sollten nicht entsteint werden, um das Aroma abzurunden. Mirabellen und Pflaumenmaischen sollte man unbedingt ansäuern und einen pH-Bereich von 2,8 bis 3,1 einhalten. Die Ernte zieht sich oft über mehrere Wochen hin, da nicht alle Mirabellen an einem Baum gleichzeitig die Vollreife erlangen. Grundsätzlich ist es kein Problem, in dieser Zeit einen **Maischebehälter schrittweise zu befüllen**, allerdings ist dabei auf besondere Hygiene zu achten und das einzuschlagende Gut ist zu zerkleinern, bevor es zum Gärgebinde zugegeben wird, und dann vorsichtig einzumischen. Hefe sollte nur beim ersten Mal zugefügt werden. Die natürliche Vermehrung der Hefezellen reicht aus. Beim Einbringen der letzten Teilmenge muss der pH-Wert erneut eingestellt und das Gebinde dicht, mit Gärverschluss versehen, geschlossen werden.

Sensorik: Der Standard ist hier die **Hauszwetschge**, die bei Verarbeitung mit Stein ein süßlich-pflaumiges Destillat von fruchtiger Frische und sich im Hintergrund befindlicher Marzipanaromatik bildet. Feine zimtartige Aromakomponenten sind erwünscht, leichte Bitternoten am Gaumen passen. Ent-

Mirabellendestillate sind schwierig herzustellen. Nur selten gelingt es, das empfindliche Aroma der Früchte ins Destillat zu bannen.

steinte Früchte ergeben lieblich duftende Destillate, die vielleicht etwas weniger würzig aber bedeutend klarer und reiner – nicht alkoholisch – im Geschmack sind. Ein leichter Zimtcharakter ist auch bei entsteinten Früchten möglich. Unerwünscht sind bittermandelbetonte oder fad-dumpfe Destillate, oft auch mit überreifen, gar fauligen Untertönen. Wurden Früchte mit schon angebräuntem Fruchtfleisch und beginnenden Hautfalten am Stielansatz verarbeitet, erhält man leblose Destillate mit einem unharmonisch dumpfen Nachgeschmack im Gaumen.

Die sensorische Beurteilung von **Mirabellen** ist nicht ganz einfach. Neben typischen Fehlern wie dem Essigstich, Vorlauf- und Nachlaufton sind Mirabellendestillate oft wenig aromatisch oder einseitig steinbetont. Auch findet man immer wieder überaromatisierte Produkte, bei denen die Verwendung von Aromastoffen nicht auszuschließen ist. Hierüber kann aber nur eine genaue Laboranalyse Klarheit schaffen. Gute Mirabellendestillate besitzen einen zarten, pflaumenartigen Duft, der an frische, ausgereifte Mirabellen erinnert. Ein zartes Bittermandelaroma wirkt unterstützend. Vollständig entsteinte Destillate sind oft fade und mit nur wenig Charakter. Ebenfalls negativ zu bewerten sind raue, unreif oder grün wirkende Produkte.

Aprikosen und Pfirsiche

Aprikosen und Pfirsiche gehören zu den besonderen Kostbarkeiten in der Obstbrennerei. Ihr zartes und feines Aroma ist nur durch viel Sorgfalt ins Destillat zu bringen. Interessanterweise ist die Aprikose, in Österreich Marille genannt, in Asien und China beheimatet und wurde dort bereits vor mehreren tausend Jahren kultiviert. Für die Obstbrenner bedeutsame Anbaugebiete liegen in der Wachau und vielen anderen „Wärmeinseln" Europas. Gerade der österreichische **Marillenbrand** hat weit über die Landesgrenzen hinaus Liebhaber gefunden. Die Qualität der Früchte ist von allergrößter Bedeutung für ein aromatisches Aprikosendestillat. Es sollten nur absolut vollreife, aromatische Früchte ohne Stein verarbeitet werden. Niedrige Gärtemperatur, Säureschutz und eine Destillation oft schon bei abklingender Gärung garantieren eine hochwertige und einzigartige Qualität.

Schwieriger ist es, das zarte und feine Aroma eines **Pfirsichs** ins Glas zu bannen – die Verarbeitung entspricht der von Aprikosen, eventuell können aber einige wenige Steine zur Destillation zugegeben werden, um den Geschmack zu intensivieren und abzurunden. Die Maische darf aufgrund des geringen Alkoholgehaltes und der Anfälligkeit gegenüber Kahmhefen nicht gelagert werden.

Sensorik: Die Destillate aus **Aprikosen** zeichnen sich durch einen charakteristischen, ausgeprägt klaren Geruch und Geschmack aus. Ein Steinton wirkt meist störend. Häufige Fehler sind Aromaarmut, eine starke Bittermandelnote sowie unreif grasig schmeckende Produkte. Im Gegensatz zum charakteristischen, leicht zu erkennenden und intensiven Fruchtcharakter der Aprikose, zeichnen sich auch optimal hergestellte **Pfirsichdestillate** durch ein eher verhaltenes Aromenspektrum aus. Der Pfirsich soll im Geruch erkennbar sein, im Geschmack ist ein leicht schaliger Charakter möglich. Aufgrund des geringen Eigenaromas ist auch hier mit Steinen äußerste Vorsicht geboten.

Trauben und Traubentrester

Trauben sind wegen ihrer vielfältigen Aromen sehr geeignete Rohstoffe für die Brennerei. Das Aroma wird von sogenannten Terpenen geprägt, die in der Maische oder im Most oft noch geruchlos und gebunden sind, und die erst bei der weiteren Verarbeitung freigesetzt werden. Interessante Sorten für die Brennerei sind hocharomatische Rebsorten wie Muskateller oder Traminer. Liebhaber verarbeiten auch gerne robuste Hybridsorten, deren stark duftende Beeren oft eine intensives Erdbeeraroma bzw. einen „Fox-Geschmack" aufweisen. Rebsorten wie Chardonnay ergeben fruchtige Destillate, wobei immer darauf geachtet werden muss, dass kein biologischer Säureabbau stattgefunden hat, da die Destillate ansonsten fade und breit schmecken. Dies gilt auch bei Wein, der destilliert werden soll. Bei der Destillation von Traubenmaischen erscheinen wertgebende Aromastoffe häufig bereits in den ersten Fraktionen des Mittellaufes. So besticht z. B. Chardonnay in diesen Fraktionen durch ungewöhnlich fruchtige, fast schon überaromatisiert wirkende Komponenten. Eine Verkostung einzelner Fraktionen des Mittellaufes ist daher bei Trauben besonders interessant. Zur Verarbeitung werden die reifen, entrappten Beeren zerkleinert und wie andere Obstrohstoffe vergoren. Wichtig ist die kühle Vergärung bei ungefähr 14 °C und die zügige Weiterverarbeitung.

Um ein Gemisch aus Traubentresterbrand und Traubendestillat zu erhalten, stellt sich oft die Frage, ob man die Trauben nur teilweise ausgepresst vergären sollte. Davon ist dringend abzuraten, da das so erhaltene Produkt wenig

Zum Brennen von trockenen Traubentrestern braucht man viel Wasser und eine Brennerei mit großem Auslauf, da Verstopfungen, wie hier, an der Tagesordnung sind.

Eigencharakter besitzt. Es wird als schlechter Traubenbrand eingestuft, da die Feingliedrigkeit der Traubenaromen durch die Feststoffe zerstört wird und andererseits auch der Trestercharakter so abgeschwächt ist, dass er im Vergleich zu traditionell hergestellten Tresterbränden kraftlos wirkt.

Die Verarbeitung von **Traubentrester** unterscheidet sich von der Verarbeitung der Obstrohstoffe. Traubentrester, Beerentrester, Kernobsttrester – alle Tresterarten sind zur Destillation geeignet, sie zeichnen sich aber allesamt durch ihre Trockenheit aus. Zur Vergärung ist aber eine gewisse Feuchtigkeit wichtig, deshalb sollte man den Saft vorher nicht vollständig abpressen. Der pH-

Wert wird durch langsame und gleichmäßige Verteilung der verdünnten Schwefelsäure auf pH 2,8 bis 3,1 eingestellt und eine Reinzuchthefe zugegeben. Danach wird **eingestampft** und verdichtet, um den Luftsauerstoff auszutreiben. Die Fässer oder Wannen mit Trestermaischen werden dazu oft nur mit Folien abgedeckt und diese mit Wasser beschwert. Dies schützt die Oberfläche und Gärgase können trotzdem ungehindert abziehen.

Trestermaischen sind extrem anfällig gegenüber **Schimmelbildung**. Daher muss das Einstampfen und die anschließende Gärung sorgfältig ausgeführt und beobachtet werden. Eine lange Lagerung nach der Gärung ist zu vermeiden. Der Trester ist dann oft zu einer festen Masse zusammengebacken und kann nur mit einer Gabel aus dem Gefäß gestochen werden. Zur Destillation braucht man viel Wasser, die Erwärmung sollte langsam und gleichmäßig, am besten unter Rühren erfolgen. Bei großen Mengen bietet es sich an, die Trester erst im Raubrandverfahren zu entalkoholisieren und anschließend einen Feinbrand mit Verstärker durchzuführen.

Oxidiertes Gärgebinde und verschimmelter Trester – schlechtes Ausgangsprodukt für einen hochwertigen Tresterbrand.

In traditionellen Grappabrennereien sind die Brennkessel auf dieses Verfahren ausgelegt. Der Trester wird dazu in großen Sieben direkt in die Brenngeräte gehängt und nach der Destillation in den Sieben wieder aus dem Brennkessel gehoben. Es gibt auch eine kontinuierliche Destillation, wobei der Trester durch mit Dampf beschickte Schneckenelevatoren geführt wird. Daneben gibt es Tresterbrennereien, bei denen die Brenngeräte erhöht aufgestellt sind und nach der Entalkoholisierung der Boden der Brennblase aufgeklappt wird, um den Trester in einem Wagen abtransportieren zu können.

Auch in der Obstbrennerei sollte man sich vor der Destillation überlegen, wie man die feste Schlempe wieder aus der Brennblase entfernen kann.

Sensorik: Traubendestillate sollen den Charakter der Rebsorte deutlich repräsentieren. Ob aromaintensive Muskatellersorten oder zarter Riesling, das Destillat muss klar und deutlich die verarbeitete Rebe erkennen lassen und am Gaumen zart, weich und vielschichtig gestaltet sein. Oft stören Schimmelnoten durch Verarbeitung botrytisbefallener Trauben. Bei den Trestern gesellt sich zu der bereits geschilderten Traubencharakteristik eine saubere, würzige Tresternote hinzu. Beide Aromen müssen harmonisch nebeneinander stehen. Werden solche Traubentresterbrände noch im Holzfass gelagert, kommt eine dritte Aromakomponente dazu, die ebenfalls gleichwertig neben den bereits geschilderten Aromabausteinen stehen muss – eine nicht ganz einfache Aufgabe für den Produzenten. Entsprechend rar sind perfekt harmonische Produkte.

Weinhefe, Obstweinhefe

Nach der Vergärung verlieren die Gärhefen ihre Nahrungsgrundlage und setzen sich auf dem Boden des Gärgefäßes ab. Die Destillation dieser **frischen Hefen** ergibt fruchtige Destillate mit feiner Hefenote. Bei der Destillation muss unbedingt ein **Antischaummittel** zugegeben werden, da die Flüssigkeit sehr eiweißreich ist und zu enormer Schaumbildung neigt. Auch sollte die Brennblase eine saubere und katalytisch wirksame Oberfläche besitzen, um die anfallenden schwefelhaltigen Verbindungen aus den Hefezellen in Form von Kupfersulfit abfangen zu können. Aus dem gleichen Grund ist der Einsatz eines Katalysators sinnvoll.

Je älter die Hefe, desto schlechter das Destillat. Die Hefe zersetzt sich während der Lagerung in ihre Bestandteile. Bei diesem Vorgang werden unangenehm nach faulen Eiern riechende Schwefelwasserstoffverbindungen frei, die ins Destillat übergehen und dort mit Ethanol zu noch unangenehmer riechendem Ethylmercaptan reagieren bzw. mit Luftkontakt eine Verbindung namens Disulfid bilden. Der frische Hefeduft verschwindet vollständig und der Eigencharakter der Frucht ist nicht mehr erkennbar. Es lohnt sich nicht, solche alten Hefen zu brennen, da das Ergebnis nie befriedigen wird.

Bei der Hefe- oder Gelägerverarbeitung ist die **Schwefelung** des mit den Hefen vergorenen Trauben- oder Obstweines problematisch. Eigene Versuche haben gezeigt, dass Filtrate von Hefen aus Trauben-, Apfel- oder Birnenweinen keinesfalls mehr als 60 mg Gesamt-SO_2 aufweisen dürfen, denn sonst ist der Geruch und Geschmack der schwefligen Säure im Destillat leicht zu erkennen. Solche Destillate müssen, unter Zusatz von verdünnter Natronlauge bei einem pH-Wert von ungefähr 5,8 und einem Alkoholgehalt von 15 %vol, nochmals gebrannt werden. Wird der Gesamt-SO_2-Gehalt vor der Destillation bestimmt und als zu hoch festgestellt, kann ein Erfolg erzielt werden, wenn der pH-Wert der Hefe direkt vor der Destillation auf ungefähr 5,5 eingestellt wird. Zu bedenken ist immer, dass durch den Zusatz von Natronlauge unter Umständen auch eine Verminderung des Aromas mit einhergehen kann.

Das Destillat der Weinhefe ist aufgrund der stark trübenden Inhaltsstoffe schwierig zu filtrieren und muss dafür sorgfältig vorbereitet werden. Vereinfacht wird der Vorgang durch absolut saubere Destillate ohne Vor- und Nachlaufanteile. Man gibt das Destillat in die vorbereitete Verschnittwassermenge. Aufgrund der so veränderten Löslichkeitsverhältnisse fallen die Inhaltsstoffe aus, die in Wasser nur schwer löslich sind. Eine zweitägige Abkühlung auf −18 °C und die nachfolgende Filtration bei 0 °C (über sehr feine Filterschichten, z. B. K100) bieten die größtmögliche Sicherheit, um späteren Nachtrübungen in der Flasche vorzubeugen.

Sensorik: Hefedestillate werden auch heute noch oft als Abfallprodukte angesehen. Sauber hergestellt verkörpern sie aber den Charakter von Reb- oder Obstsorte und Hefe gleichermaßen. Eingebunden in Trauben- oder Fruchtaromen erfüllt der Geschmack von frischer Hefe anschmiegsam und weich den Gaumen. Ähnliches gilt für den Duft. Sobald die Hefe jedoch nicht mehr frisch ist, führt dies unweigerlich zu Fehlprodukten, die von Schwefelnoten bis hin zu faulig-muffigen Ausprägungen mit einem breiten Spektrum an Fehlern aufwarten können.

Beeren und Wildfrüchte

Bei Beeren und Wildfrüchten ist der Zuckeranteil weitaus geringer als bei Kern- oder Steinobst. Weniger Alkohol in den Maischen ist die Folge. Oft ist der gebildete Alkoholanteil mit 2 bis 3 %vol in der Maische so gering, dass bei einer Destillation mit Verstärker keine genügende thermische Trennung der Maischebestandteile erfolgen kann. Aus diesem Grund empfiehlt es sich, bei einer größeren Maischemenge den Alkohol durch mehrere Raubrände ohne Vor- und Nachlaufabscheidung zu gewinnen und den gesammelten Alkohol der letzten Maische zuzugeben. Diese wird dann über eine Verstärkerkolonne unter Vor- und Nachlaufabtrennung destilliert. Die Destillate sind sehr charaktervoll, intensiv und wertvoll. Sie enthalten die Aromavielfalt der Frucht. Oft stellt sich jedoch die Frage, ob der nur sehr geringe Alkoholgehalt der Maische alleine überhaupt ausreicht, um das gesamte Aroma der Früchte aufzunehmen, und nicht ein großer Teil der wertvollen Komponenten in der Schlempe verbleibt und entsorgt wird.

Daher ist bei vielen Beeren und Wildfrüchten die Herstellung von **Geisten** üblich, oder es kann, seit Inkrafttreten der Europäischen Begriffsbestimmungen, der Maische Alkohol zugesetzt werden.

So wäre es zum Beispiel denkbar, einer teilweise vergorenen oder unvergorenen Himbeermaische vor der Destillation 3 bis 4 l 96 %igen Neutralalkohol/100 l Maische zuzufügen. Das entstandene Destillat darf bis zu einem Alkoholzusatz von 20 l reinem Alkohol auf 100 kg Früchte als Himbeerbrand bezeichnet werden, muss aber den Zusatz „durch Einmaischen und Destillieren gewonnen“ tragen. Eigene Versuche haben gezeigt, dass schon etwa 4 l reiner Alkohol/100 kg Maische ausreichen, um eine bessere Trennung bei der Destillation der Maische über eine Verstärkerkolonne zu erreichen. Die erhaltenen Destillate sind so aromatisch, dass sie selbst von geschulten Kostern nur in den seltensten Fällen von reinen Beerendestillaten unterschieden werden konnten. Ein weiterer Vorteil ist, dass durch den Alkoholzusatz der Methanolgehalt im Verhältnis abnimmt und so die Gefahr geringer ist, den gesetzlich vorgeschriebenen Grenzwert zu überschreiten.

Schlehen

Als Stammpflanze unserer heute angebauten Pflaumen gilt der Schlehdorn, den man in Deutschland z. B. auf den nährstoffarmen Kalkböden der Schwäbischen Alb findet. In sonnigen Lagen an Waldrändern oder Hecken reifen auf den bis zu 5 m hohen Sträuchern schwarzblaue, wachsartig überzogene Beeren, die in Einzelfällen bis zu 18 mm Durchmesser erreichen können. Einen interessanten Kontrast zum intensiven Blau der Haut bildet das intensiv grün gefärbte Fruchtfleisch mit seinem sauer-adstringierenden Geschmack. Schon den Schlehenblüten wird besondere Magie und Heilwirkung nachgesagt. Entsprechend vielfältig sind die Rezepturen zur Verarbeitung der Früchte des Schlehdorns, vom Sirup über Likör bis hin zu Heilansätzen, Geisten und Destillaten. Wichtig für die Obstbrennerei und Likörherstellung ist es, den Charakter der Schlehe möglichst authentisch im Destillat einzufangen. Schlehenbrand stellt eine Komposition aus herber, gerbstoffgeprägter, aber auch oft pflaumig feiner Fruchtcharakteristik mit den bittermandelgeprägten Inhaltsstoffen der Steininhaltsstoffe dar – herbe, raue Natur, eingefangen in einer geringen Menge Alkohol. Die im Handel angebotenen veredelten Schlehdornsträucher weisen etwas größere Früchte und einen geringeren Gerbstoffgehalt auf. Außerdem erlangen die Früchte ihre Vollreife ungefähr 14 Tage früher als die Wildformen.

Der Extraktgehalt des Schlehensaftes ist hoch, der vergärbare Anteil aufgrund vieler nicht vergärbarer Inhaltsstoffe dagegen gering. Es ist mit einer Alkoholausbeute von 2 bis 3 l reinem Alkohol aus 100 kg Früchten zu rechnen. Die Ernte der Früchte ist wegen der harten Dornen sehr mühsam. Oft wird empfohlen, zur Ernte den ersten Frost abzuwarten, da dadurch der Geschmack der Früchte milder werden soll. Allerdings haben bis dahin oft schon Vögel die Sträucher abgeerntet. In eigenen Versuchen wurden keine Verbesserung der Aromaeigenschaften durch Frost oder Eingefrieren erkannt. Einzig der Zellaufschluss gestaltete sich etwas einfacher.

Die frisch geernteten Beeren werden, wenn möglich, mit Wasser abgebraust und Blattreste entfernt. Kleinere Mengen bis zu 100 kg können dann mit einem Rühr- und Schneidgerät zerkleinert werden. Ein Wasserzusatz von 20 bis 25 l auf 100 l Maische ist ratsam, da sonst die Vergärung aufgrund der Trockenheit des Rohstoffes nur stockend abläuft. Die Zugabe von Pektinasen ist unbedingt notwendig, sie werden – in einer Dosierung, die etwa dreimal so hoch ist wie vom Hersteller für Pflaumen empfohlen – unter Rühren zugefügt. Ist eine einigermaßen homogene Masse erreicht, erfolgt die Hefezugabe in einer Dosierung von 30 g/100 l. Um den Hefen die Vergärung in dem gerbstoffreichen, zuckerarmen Substrat zu erleichtern, ist, soweit erlaubt, die Zugabe von Hefenährsalz (30 g/100 l) und Vitamin B empfehlenswert. Eine Säurezugabe ist nicht erforderlich. Bei einer Gärtemperatur von ungefähr 18 °C ist die Maische nach ungefähr 3 Wochen durchgegoren und sollte sofort abgebrannt werden. Durch längeres Stehenlassen bei nicht ordentlich verschlossenen Gefäßen steigt die Gefahr einer Infektion durch Kahmhefen oder Schimmel an, außerdem verstärkt sich die Bittermandelnote der Destillate. In die Brennblase sollte man der Maische zur Destillation noch einmal etwa 25 % Wasser zugeben und sie unter Rühren erhitzen. Außerdem hat sich der Zusatz eines Antischaummittels bewährt. Eine Destillation unter Zusatz von bis zu 2 l 96 %igem Alkohol/100 kg Maische ist ohne merkliche Aromaabschwächung möglich (vgl. Himbeeren). Bei der Herstellung von Geisten werden 3 Teile Frucht in einem Teil 96 %igem Alkohol wie oben beschrieben zerkleinert und am darauf folgenden Tag, im Verhältnis 1 zu 1 mit Wasser vermischt, in einer Verstärkerkolonne destilliert.

Sensorik: Gute Schlehenbrände zeichnen sich aus durch die Harmonie von Stein- und Fruchtcharakter. Da die Schlehe an sich eine Frucht mit sehr zartem Aroma ist und bei Genuss der frischen Frucht vor allem Gerbstoffe und Säuren im Vordergrund stehen, ist es besonders schwierig, hier die genannte Harmonie zu erreichen. Oft sind Schlehenbrände daher bitter im Abgang mit intensiver Marzipannote.

Vogelbeeren enthalten Sorbinsäure, einen Konservierungsstoff, der die Gärung behindert.

Früchte des Speierlings – früher nur als Zusatz zu Apfelwein eingesetzt, heute Ausgangsware für aromatische Destillate mit mostbirnenähnlichem Charakter.

Schon ein leichter Nachlaufanteil macht diese Produkte vollends ungenießbar.

Fehlerhafte Schlehenbrände haben oft einen lang anhaltenden, bitteren Geschmack. Wegen des geringen Alkoholanteils erfolgt die Nachlaufabtrennung häufig zu spät, daher können muffige Komponenten das zarte Fruchtaroma des Destillats überlagern. Ferner kommt bei Schlehendestillaten gelegentlich ein unangenehm parfümartiger, fast schnupftabakähnlicher Geruch vor, dessen Entstehung wahrscheinlich auf bakterielle Tätigkeit durch unsaubere Verarbeitung zurückzuführen ist.

Der Schlehengeist ist im Vergleich zum entsprechenden Brand von fast süßlichem Duft und entbehrt der herben Bitterkeit im Geschmack. Er präsentiert sich fruchtig und feingliedrig im Geruch, ist im Geschmack aber nicht selten etwas fade und leer. Fehler treten durch die Verarbeitung schimmliger Rohware oder durch ein ungünstiges Alkohol-Fruchtverhältnis auf.

Vogelbeeren, Preiselbeeren, Speierling und Elsbeere

Bei den **Vogelbeeren** gibt es die sogenannte Edel-Eberesche, auch Süße Eberesche und Mährische Eberesche genannt, oder die Gewöhnliche Eberesche. Die Süße Eberesche wurde vor ungefähr 200 Jahren zufällig in einem Bestand der Gewöhnliche Eberesche entdeckt und veredelt. Die Früchte der Süßen Eberesche werden in der Brennerei bevorzugt verarbeitet, da sie keine Bitterstoffe enthalten und einen höheren Zuckergehalt besitzen. Aber auch die kräftigen, würzigen Destillate aus der Gewöhnliche Eberesche sind nicht zu verachten. Da die Vogelbeere auch im rauen Klima der Mittelgebirge gut wächst und ihre Bodenansprüche sehr gering sind, ist sie mittlerweile ein weit verbreitetes Gehölz an Straßenrändern und Bachläufen, in Parks und Gartenanlagen geworden. Mit der Verbreitung der Eberesche ist auch das Interesse an der Verwertung, vor allem zu Destillaten, gestiegen und inzwischen werden in Deutschland hervorragende Vogelbeerbrände produziert, die den Vergleich mit den Erzeugnissen aus den traditionellen Verarbeitungsgebieten in Österreich nicht zu scheuen brauchen.

Bei der Verarbeitung der Vogelbeere sollte man einige ihrer wichtigen Inhaltsstoffe kennen: Neben einem hohen Vitamin-C-Gehalt weisen die Früchte einen hohen Gehalt an **Bitterstoffen** und der auch als Konservierungsstoff verwendeten **Sorbinsäure** auf. Sowohl die Bitterstoffe als auch die Sorbinsäure stören die Gärtätigkeit der Hefezellen empfindlich. Zusätzlich ist der Flüssigkeitsgehalt der Maische oft gering, so dass die Vergärung oft schwer in Gang kommt.

Vor der Verarbeitung müssen die Beeren entrappt werden. Hierzu sind umgebaute Abbeermaschinen und Sonderkonstruktionen im Einsatz, oder man streicht die Beeren von Hand über ein Drahtgitter ab. Empfehlenswert ist ein Wasserzusatz von ungefähr 10 % bereits während der Zerkleinerung oder des Quetschens. Die Zugabe einer Pektinase ist unbedingt erforderlich. Danach erfolgt der Zusatz einer robusten Rotweinhefe. Auch Backhefe ist geeignet, da die Vergärung, im Gegensatz zu allen anderen Früchten, bei -einer Temperatur über 20 °C erfolgen sollte. Auch ist es sinnvoll, wenn erlaubt, Nährsalz und Vitamin B zur Unterstützung der Gärhefen einzusetzen. Eine Ansäuerung ist dagegen nicht notwendig, doch ist die Maische sofort nach der Vergärung abzudestillieren. Bei größeren Mengen empfiehlt sich das ab Seite 49 beschriebene Rau- und Feinbrandverfahren.

Vogelbeergeiste sind für Einsteiger in diese Produktgruppe geeignet, da sie alle Eigenschaften des Vogelbeerbrandes in etwas abgeschwächter Form zeigen, aber einfacher herzustellen sind.

Die Verarbeitung von **Preiselbeeren** entspricht, aufgrund des ebenfalls beträchtlichen Gehalts an konservierenden Inhaltsstoffen, der von Vogelbeeren.

Sensorik: Vogelbeerbrände gehören zu den wohl kräftigsten Destillaten überhaupt und zeichnen sich durch ein würziges, fast schon petrolartiges Aroma mit deutlich wahrnehmbarer Marzipannote aus. Im Geschmack sollen sie trotzdem angenehm und nicht adstringierend oder einseitig bitter sein. Fehlerhafte Brände sind oft sehr erdig und rau, zumeist auch fuselig und muffig am Gaumen.

Vor einigen Jahren war der **Speierling** in Deutschland Baum des Jahres und nicht zuletzt aus diesem Grund wurden viele Bäume gepflanzt, die nun langsam beginnen Früchte zu tragen. Die Verarbeitung der Früchte in der Brennerei ist interessant, obwohl die kleinen, ledrigen, birnenförmigen Früchte hauptsächlich in Hessen gepresst und als „**Gerbstoffquelle**" dem Apfelwein zugesetzt werden. Im Gegensatz zu der mit ihm verwandten Eberesche ist das Verbreitungsgebiet des Speierlings recht klein, da er ein milderes Klima bevorzugt. Die Bäume wachsen nur sehr langsam, werden aber bis zu 20 Meter hoch und bis zu 200 Jahre alt. Traditionell wird vor allem in Frankreich aus den Früchten des Speierlings ein hochprozentiges Destillat hergestellt. Hierzu werden sie in nur leicht teigigem Zustand aufgelesen, gewaschen und zerkleinert. Da der Gerbstoffgehalt sehr hoch ist, empfiehlt sich der Einsatz einer Rotweinhefe. Eine Ansäuerung ist notwendig und bei einer Gärtemperatur von 18 bis 20 °C ist normalerweise eine problemlose Gärung möglich. Der zu erreichende Alkoholgehalt entspricht in etwa dem von Mostäpfeln.

Sensorik: Die vollmundigen und kräftigen Destillate erinnern an Mostbirnenbrände, sind aromatisch, würzig und von Gerbstoffen geprägt.

Ein weiterer Vertreter der Ebereschen ist die **Elsbeere**, die vor allem in Süddeutschland, in Niederösterreich und in Frankreich (dort alisier genannt) zu finden ist. Die bis zu 20 m hohen Bäume tragen spät und nicht regelmäßig. Die Früchte müssen von Hand geerntet werden und nach einer Nachreife werden die Früchte, wie Vogelbeeren, abgerebelt. Die Elsbeere ist wohl einer der wertvollsten Rohstoffe, die in der Brennerei verarbeitet werden. Die kleinen Früchte mit ungefähr 15 mm Durchmesser sind eiförmig und im reifen Zustand ledrig-braun. Die Vergärung erfolgt zumeist unter Wasserzusatz und unter den bei der Vogelbeere genannten Bedingungen.

Sensorik: Die sehr wertvollen Elsbeerdestillate besitzen einen mehr oder weniger stark ausgeprägten Marzipanton und sind wie fast alle Destillate aus Früchten von Ebereschen und deren Verwandten nicht unbedingt für einen „Erstkontakt" mit Beerendestillat geeignet.

Erdbeeren, Himbeeren, Brombeeren, Johannisbeeren, Stachelbeeren, Heidelbeeren

Wohl keine Frucht ist so schwierig zu verarbeiten, zu destillieren und zu lagern wie die **Erdbeere**. Nur besonders aromatische Sorten sind zum Einmaischen geeignet und eine Entfernung der Kelchblätter ist absolut notwendig. In mehr als 150-jähriger züchterischer Tätigkeit entstanden unsere heute erhältlichen großfruchtigen Beeren. Da die Erdbeere eine Scheinfrucht, oder botanisch ausgedrückt eine Sammelnussfrucht ist, sitzen die winzigen Früchte, die Nüsschen, auf der Oberfläche des roten Blütenbodens. Die Inhaltstoffe der Nüsschen stören die Qualität des späteren Destillates, daher gehen manche Verarbeiter so weit, auch diese Teile mittels Passiermaschine und feinem Sieb abzutrennen. Die Erdbeere ist schnell und kühl unter Säureschutz zu vergären und sofort nach der Gärung abzudestillieren. Die Destillate sind sofort genussfähig und leiden stark unter langer Lagerung, Licht und Wärme, wodurch das Aroma vollkommen zerstört werden kann. Aus diesem Grund empfiehlt sich eine sofortige Vermarktung und ein schneller Genuss dieser teuren und hochwertigen Produkte.

Sensorik: Frisch genossen, hergestellt aus aromaintensiven Sorten, ist ein absolut charakteristisches und intensiv nach frischen, vollreifen Erdbeeren duftendes Produkt möglich. Häufig vorkommende Fehler sind ein marmeladeartiges Kocharoma oder leichte bis intensive oxidative Veränderungen bis hin zu Sherrynoten und vollständiger Entstellung des Fruchtcharakters.

Erdbeergeiste sind zumeist flach und im Geschmack kaum wahrnehmbar, die

Eignung der Erdbeere zur Vergeistung ist aufgrund ihres feinen Aromas zweifelhaft. Da häufig auch grüne Pflanzenbestandteile nicht abgetrennt werden, sind grasig und derb schmeckende Produkte möglich.

Die Haltbarkeit von Himbeerbränden ist besser. **Himbeeren** zählen zu den sogenannten Sammelsteinfrüchten: einzelne Steinfrüchte sind mit dem bloßen Auge erkennbar und bilden gemeinsam die Frucht. Die Verarbeitung ist ähnlich wie bei der Erdbeere. Auch bei Himbeeren werden in einigen Betrieben vor dem Einmaischen die leicht bitter schmeckenden „Steinchen" entfernt. Interessant ist das unterschiedliche Aroma der Wald- und Gartenhimbeeren. Gartenhimbeerbrände sind aromatisch, elegant und von nachhaltiger Frische und Intensität. Destillate aus Waldhimbeeren sind meist etwas rauer und weniger intensiv, obwohl ihnen eine besondere Kraft und Fülle nachgesagt wird. Erdbeeren und Himbeeren haben einen sehr geringen Zuckeranteil von maximal 6 bis 8 % und liefern dementsprechend geringe Alkoholausbeuten. Vor allem bei Himbeeren ist der Alkoholgehalt der Maische daher eigentlich zu gering, um das gesamte Aroma aufzunehmen. Aus diesem Grund ist der Zusatz von Neutralalkohol vor der Destillation empfehlenswert.

Sensorik: Intensiv fruchtig und charakteristisch in Geruch und Geschmack präsentiert sich ein Brand aus Himbeeren. Nachhaltig und kräftig am Gaumen mit minimalen Bitternoten im Abgang bietet die Himbeere ein reiches Spektrum möglicher Aromavarianten. Auftretende Fehler sind bei den Bränden vor allem Kochnoten und Nachlaufanteile. Bei den Geisten treten dagegen oft Schimmelnoten und Faultöne durch Verwendung überreifer oder gar schon angeschimmelter Rohware auf. Weiterhin wird bei der Vergeistung häufig an der notwendigen Himbeerdosierung gespart, dadurch entstehen alkoholische, neutrale und flache Destillate. Oft tritt auch eine Obstlernote bei der Verkostung von Himbeerprodukten auf, die entsteht, wenn „neutralisierter" Alkohol aus Kernobst verwendet wurde.

Liebhaber von Beerenbränden finden in der **Brombeere** eine äußerst schwierig zu verarbeitende Frucht, aber ein sehr wohlschmeckendes und ansprechendes Destillat. Auch die Brombeere ist botanisch gesehen eine Sammelsteinfrucht und hat heute weite Gebiete in Europa erobert. Zur Verarbeitung müssen die Früchte vollreif sein. Man erkennt dies am langsam verblassenden Glanz auf der Oberfläche der Beeren. Stachellose Sorten eignen sich aufgrund ihres schwachen Aromas nur bedingt für die Destillatherstellung. Die Verarbeitung entspricht den vorangegangenen Beeren, jedoch sollte eine Pektinase eingesetzt werden.

Sensorik: Brombeerbrände sind zarte, nach reifen Früchten duftende Produkte mit leicht nussigem Geschmack am Gaumen und breiter Fruchtdichte im Abgang. Gute Produkte sind selten, da wirklich nur Destillate aus vollreifen Früchten ein charakteristisches Aroma aufweisen. Viele Brombeerbrände wirken aromaarm und alkoholisch. Dasselbe gilt für Brombeergeist – auch hier ist die Ausgangsfrucht oft nur schwer zu erkennen und die Ergebnisse sind dementsprechend enttäuschend.

Kräftige Destillate erhält man aus **Johannisbeeren**, die zur Gattung *Ribes* gehören. Egal ob schwarz, rot oder weiß, alle Johannisbeeren ergeben ein intensives und wohlschmeckendes Destillat.

Das Entrappen der Früchte ist jedoch absolute Bedingung. Die Vergärung erfolgt problemlos, der Einsatz einer Pektinase ist notwendig. Schwarze Johannisbeeren enthalten einen höheren Anteil vergärbarer Substanz und können unter Umständen ganz passable Alkoholausbeuten erreichen. Bei Roten Johannisbeeren liegt der Anteil an vergärbarer Substanz dagegen nur zwischen 6 und 9 %.

Sensorik: Ebenso wie die Brände aus Himbeeren haben Destillate aus Schwarzen Johannisbeeren einen hohen Wiedererkennungswert durch besonders charakteristische Merkmale. Diese Cassisnoten sind stark ausgeprägt, können aber bei fehlerhaften Destillaten leicht ins krautig-grasige übergehen. Dadurch bleibt vor allem am Gaumen ein Geschmack zurück, den man am besten nachempfinden kann, wenn man ein grünes Blatt der Johannisbeeren im Mund zerbeißt.

Selten trifft man auf **Stachelbeerbrände**, deren Herstellung aber durchaus lohnend ist. Obwohl der Geschmack der Stachelbeere sehr dezent ist, gelingt es bei sauberer und schonender Verarbeitung diesen durchaus wahrnehmbar ins Destillat zu bringen.

Die Kulturheidelbeere entstand aus der Waldheidelbeere und unterscheidet sich von dieser durch einen höheren Wuchs und größere Beeren. **Heidelbeeren** gehören zu den Heidekrautgewächsen und sind mit der Preiselbeere und der Moosbeere verwandt. Moderne Sorten tragen Beeren mit einem Durchmesser von bis zu 20 mm, wobei große sortenbedingte Unterschiede in Geschmack und Zuckergehalt bestehen. Häufig beträgt der Anteil vergärbarer Zucker in ausgereiften Früchten um 10 %. Die Verarbeitung der Heidelbeere entspricht der allgemeinen Beerenverarbeitung.

Kriechele, Pfläumle, Zibarten, Myrobalanen

Kriechele sind, je nach Geschmack und Inhaltsstoffen der verschiedenen Formen, auch als Haferschlehe oder Haferpflaume bekannt. Für **Wildpflaumen** charakteristisch ist der intensive Bittermandelcharakter der Destillate. Kleine Früchte mit großem Steinanteil bergen immer diese Gefahr. Die Früchte müssen zügig vergoren und nach der Vergärung sofort destilliert werden. Steine, die sich im Maischebehälter absetzen, sind dort zu belassen und nicht mitzudestillieren. Die Destillation in einer gereinigten Brennblase über Katalysator und vor allem das saubere Abtrennen von Vor- und Nachlauf führt zu dezentwürzigen, am Gaumen leicht bitteren, charakteristischen Produkten. Auf der Ostalb findet man die sogenannten **„Scheißpfläumle"**, unter gleichem Namen auch in der französischen Schweiz bekannt, aus verwilderten Unterlagen und Wurzelausläufern, die in Farbe und Form der Mirabelle ähneln, aber mit ungefähr 60 °Oe wesentlich weniger vergärbare Anteile besitzen.

Im Gegensatz zu den zumeist blau gefärbten Kriechelen sind sie aber wohlschmeckend und ohne adstringierende Wirkung. Die Erntezeit liegt – wie bei Mirabellen, im Hochsommer. Die Früchte reifen unterschiedlich, daher müssen die Bäume geschüttelt und die Früchte täglich aufgelesen werden. Eine kühle Vergärung unter Säureschutz liefert bei entsteinten Maischen ein zart parfümiertes, süßlich duftendes Destillat mit weichem Abgang. Bei der Verarbeitung mit Stein wird dieser zarte Ei-

Wilde Steinfrüchte wie die „Pfläumle“ können effektiv durch Schütteln auf Planen geerntet werden.

Feines Fruchtmus garantiert bei schonender Vergärung optimale Destillatqualität ohne störende oder schädliche Bestandteile.

Das Entsteinen und Passieren dieser Früchte verstärkt das fruchtige Aroma des späteren Destillates.

Wer mag schon Inhaltsstoffe dieser festen Fruchtbestandteile trinken? Gegessen werden sie ja auch nicht!

Myrobalanen werden oft als Unterlage zur Veredelung benutzt. Bei alten Bäumen können diese Unterlagen wieder Früchte tragen.

gengeruch stark in den Hintergrund gedrängt. Auf eine großzügige Nachlaufabtrennung ist zu achten.

Zibarten oder „Zibärtle" sind Wildpflaumen, oft werden sie aufgrund ihres hohen Gerbstoffanteils fälschlicherweise „Grüne Schlehen" genannt. Zibarten werden in der Brennerei zu besonderen Spezialitäten verarbeitet, die aufgrund ihres recht rauen und derben Geschmacks, bedingt durch hohen Gerbstoff- und Bittermandelgehalt der Früchte, Liebhaberdestillate geblieben sind. Die Verarbeitung entspricht den vorangegangenen Früchten.

Die Myrobalane, auch Kirschpflaume bzw. **Türkenkirsche** genannt, ist eine heute wieder häufig verarbeitete, hellrot-gelbliche Wildfrucht, obwohl der Geschmack der Früchte wässrig und ohne besondere Fruchtnoten ist.
Sensorik: Die genannten Wildfrüchte repräsentieren sich bei vollständiger Verarbeitung der Früchte mit Steinen immer mit intensiven Marzipan- und Mandelnoten – sicher eine Charakteristik und ein Qualitätsmerkmal. Ohne Steine kommt der Duft des Fruchtfleisches zu Geltung, und man erlebt ein bisher unbekanntes Spektrum an fast parfümartigen, zarten Fruchtaromen, die bisher durch die sie überlagernden Steintöne unentdeckt blieben. Fehlerhafte Bände sind oft von fuseligen Nachlauftönen oder grünen bzw. überreifen Aromakomponenten geprägt.

Mispel, Maulbeere

An sonnigen Hängen und Waldrändern findet man die **Mispel**. Diese seltene und geschichtsträchtige Frucht gehört botanisch zu den Sammelsteinfrüchten. Die einem kleinen Apfel ähnliche, ledrig-braune Frucht enthält bis zu 10 % vergärbare Zucker, wobei der Stärkeanteil beträchtlich sein kann. Zum menschlichen Genuss oder auch zur Verwendung in der Brennerei eignen sich die Früchte erst nach einer **Nachreife**, entweder direkt am Gehölz oder durch eine Lagerung der Früchte, wobei eine Frosteinwirkung vorteilhaft sein kann. Oft erfolgt die Nachreifung durch Lagerung der Früchte auf Stroh. Während dieser Nachreifung finden Fermentationsprozesse statt, wodurch die Früchte milder und ungeahnt saftig und aromatisch werden. Werden solche Früchte eingemaischt, sind die entstandenen Destillate charakteristisch und kräftig. Durch den hohen Gerbstoffgehalt der Früchte, werden sie – wie der Speierling – Obstweinen zugesetzt, um die Klärung zu verbessern. Zur Vergärung sollte man aufgrund des hohen Gerbstoffgehalts eine Rotweinhefe verwenden. Da der Pektingehalt ebenfalls recht hoch ist, ist eine **Enzymbehandlung** notwendig. Zur Destillation oder bereits während des Einmaischens ist der Zusatz von stärkeabbauenden Enzymen (Amylasen) empfehlenswert, um ein Anbrennen der Maische zu vermeiden.

Während das Laub der Weißen Maulbeere früher vor allem zur Zucht von Seidenraupen verwendet wurde, steht bei der **Schwarzen Maulbeere** die Früchteverwertung im Vordergrund. Die Früchte selbst ähneln kleinen Brombeeren und haben den Nachteil, nicht gleichmäßig zu reifen, so dass sich die Ernte über mehrere Wochen erstrecken kann. Die Ernte gestaltet sich ferner sehr mühsam, da die Bäume bis zu 15 m hoch werden und nur verhältnismäßig kleine Scheinbeeren ausbilden, die zudem beim Ernten leicht zerfallen. Interessant für die Verarbeitung zu Destillaten ist der angenehme, für viele etwas ungewöhnliche Duft der Früchte und ein vergärbarer Zuckeranteil bis zu 8 %. Gerade wegen des besonderen Aromas ist die Schwarze Maulbeere der Weißen Maulbeere vorzuziehen, deren süßlich-fade Früchte kaum als wohlschmeckend bezeichnet werden können. Aufgrund des feingliedrigen Aromas und des erntebedingten schrittweisen Einmaischens ist eine schonende Vergärung bei 14 bis 16 °C unter Säureschutz notwendig. Die Verwendung einer Aroma-Weinhefe kann den fruchteigenen Charakter erhöhen und verbessern. Wird schrittweise ins gleiche Behältnis eingemaischt, wird nur einmal Gärhefe in einer der Erstmaische entsprechenden Dosierung zugesetzt. Der pH-Wert muss jedoch jedes Mal neu eingestellt werden. Die Maische sollte nicht lange gelagert und am besten schon bei abklingender Gärung abdestilliert werden. Bei langsamer Destillation, eventuell unter Zugabe von Alkohol, erhält man interessante und äußert wertvolle Destillate.

Holunder, Kornelkirsche und Hagebutte

Der Schwarze Holunder erfreut sich weiter Verbreitung. Er ist im Brauchtum verankert und auch heute sind viele seiner mystische Eigenschaften noch bekannt: so soll z. B. ein Holundergehölz am Haus oder im Hausgarten den Bewohnern Schutz vor Ungeziefer und Geistern bieten.

Holunderbeeren können mit getrockneten Blüten destilliert werden.

Das giftige Alkaloid des Holunders führt beim Rohgenuss der Früchte zum Erbrechen. Dieses Alkaloid spielt aber für die Verarbeitung in der Brennerei keine Rolle, da es spätestens bei der Destillation zerstört wird. Der Holunder wächst bevorzugt auf feuchten, stickstoffreichen Böden und bringt regelmäßige, gute Erträge. Für die Verarbeitung sind **Blüten und Beeren** gleichermaßen interessant. Man sammelt die Blüten und trocknet sie zur Aromaverbesserung und Konservierung. Sie werden später der Maische oder dem Destillat zugesetzt. Problematisch ist die nicht immer gleichmäßige Reife der Beeren an der Dolde. So muss beim absolut notwendigen Abrebeln darauf geachtet werden, dass möglichst wenig unreife Beeren in die Maische gelangen. Nach dem Abrebeln werden die Beeren zerkleinert und mit einer robusten Hefe, z. B. einer Rotwein- oder Sekthefe, vergoren. Aufgrund des niedrigen zu erwartenden Alkoholgehaltes ist der pH-Wert zu prüfen und bei Bedarf zu korrigieren. Die Maische darf nach der Vergärung nicht gelagert werden. Während der Destillation neigt Holundermaische zum Schäumen und Aufsteigen. Eine langsame Arbeitsweise unter Zugabe eines Antischaummittels ist empfehlenswert.

Sensorik: Hergestellt werden fast ausschließlich Brände, die vor allem im Gaumen oft breit und unharmonisch wirken. Dieser Fehler kann durch die Zugabe getrockneter Holunderblüten zur Destillation behoben werden. Man erhält dadurch ein klares, fruchtig-frisches Destillat. Auch die Mazeration der Blüten im Holunderdestillat ist möglich, wobei eine damit einhergehende Gelbfärbung zu berücksichtigen ist. Fehlerhafte Produkte sind leicht zu erkennen, da der nicht selten vorkommende Essigstich oder eine Nachlaufnote beim Holunder besonders deutlich zu Tage treten.

Die **Kornelkirsche**, ein robustes Hartriegelgewächs, wurde erst in den letzten Jahren für die Destillation und Likörbereitung entdeckt. Weithaus bekannter sind, aufgrund der ansprechenden Säure und Farbe, Gelee, Konfitüre und Kompott aus Kornelkirschen. Die Ernte der Früchte ist mühsam und der Fruchtfleischanteil gering. Es hat sich bewährt, Folien auszulegen und abzuwarten bis die vollreifen und dunkel weinrot gefärbten Früchte abfallen. Da sich das Fruchtfleisch nur schwer vom Stein löst, ist das Einmaischen ebenfalls mühsam. Man muss darauf achten, dass bei jeder Frucht die Haut angeritzt wird. Die Verwendung einer Pektinase

Kornelkirschen wachsen auf Sträuchern, die viele Wege säumen. Die Früchte bilden im Herbst einen roten Teppich am Boden.

ist ratsam. Vor dem Destillieren kann die Maische nochmals mit einem Rühr- und Schneidgerät bearbeitet werden, um die Steine vollends abzulösen und eventuell vor der Destillation zumindest teilweise zu entfernen, damit der Bittermandelcharakter dezenter gestaltet wird.

Sensorik: Bedingt durch einen geringen Fruchtfleischanteil sind die fruchttypischen Komponenten in Destillaten im zarten Marzipan des Steines eingebettet. Die Herstellung von Geisten ist üblich und bietet interessante Möglichkeiten, um das Fruchtaroma in den Vordergrund zu stellen. Diese Produkte sind – bedingt durch den verwendeten Neutralalkohol – mild im Geschmack und im Geruch etwas grasig mit an Bitterschokolade erinnernden Nuancen. Fehlerhafte Produkte sind entweder bitter, grasig oder beides.

Bei den **Hagebutten** sind verschiedene großfruchtige Rosenarten interessant. Rosen sind als Zierpflanzen weit verbreitet und werden zur Gewinnung von Rosenöl und -wasser großflächig angebaut. Im Haushalt werden die Früchte traditionell zu Tee oder Hagenbuttenmark verarbeitet. Ein Destillat aus Hagebutten hingegen ist selten, wertvoll und schwierig herzustellen, da die Früchte sehr trocken sind und störende Bestandteile wie Härchen und Kerne abgetrennt werden sollten. Bei der Herstellung von Hagebuttenmark kommen Passiermaschinen zum Einsatz, und, wenn möglich, ist diese Art der Aufarbeitung auch für die Bereitung von Brennmaischen zu nutzen. Werden Hagebutten komplett eingemaischt, entstehen etwas raue, aber durchaus ansprechende Destillate. Um eine saubere Vergärung zu gewährleisten, empfiehlt sich das Einmaischen unter 10- bis 20-%igem Wasserzusatz. In das Wasser wird die notwendige Pektinasemenge gegeben und gleichmäßig untergemischt.

Hagebutten werden selten vergoren, aber immer häufiger zur Herstellung von Geisten verwendet.

Sensorik: Ein Hagebuttenbrand besticht durch seine deutlich an Hagebuttenmark erinnernden Aromen unterlegt durch zarte Bitternoten und fruchtige Beerencharakteristik. Auch bei einem Hagebuttengeist sollten diese Eigenschaften deutlich erkennbar sein.

SPIRITUOSENFEHLER ERKENNEN UND BEHEBEN

Übersicht Spirituosenfehler und ihre Ursachen

Fehler	Ursache	Kurzbeschreibung
Vorlaufton	Destillationsfehler: fehlerhafte Abtrennung leichtsiedender Komponenten. Acetaldehyd, Essigsäureethylester.	Leicht zu erkennen und typisch, stechende Lösungsmittelnote, „Klebstoffton".
Nachlaufton	Destillationsfehler: fehlerhafte Abtrennung höhersiedender Komponenten.	Fuselige Komponenten überdecken Frucht, dumpf-muffiger Geruch, leicht erkennbar nach kurzer Zeit im leeren Glas – „stinkt".
Essigstich	Verbindung aus Essigsäure und Ethanol. Maischefehler – Essigbakterien.	Fruchtiger Geruch, Nagellackentferner, v.a. in Birnendestillaten schwierig zu erkennen. In kleinen Mengen in jedem Destillat. Verflüchtigt sich bei geringer Konzentration.
Schwefeldioxid Schwefel-Wasserstoff	Elementarer Schwefel, Auflösung von Hefezellen.	Stechend scharfer Schwefelgeruch, Geruch nach faulen Eiern oder alter Hefe.
Acroleinton	Unsauberes Obst, Bakterien.	Meerrettichartiger, schleimhautreizender Geruch, scharf und die Augen reizend.
Bittermandel	Steine, Kerne.	Würziger Marzipangeruch, der Frucht überdeckt, adstringierend und bitter auf der Zunge und am Gaumen.
Herb, grasig, bitter	Stiele, Blätter, Gerbstoffe, Behaarung z. B. Quitte.	Rauer, stechender bis leicht ranziger Geruch, grasig-derb am Gaumen. Bitter, ohne den vorher beschriebenen Marzipanton.
Faul, schimmlig, überreif	Überreife, oft leicht braun gefaulte bzw. gefleckte Früchte, v.a. Kirschen, Schimmelüberzug, verklumpte Früchte.	Pilzig-vegetabile Noten, erdig-dumpfer Geruch, breit und faul am Gaumen.
Teigig-dumpf	Überreife Früchte, vor allem Kernobst. Grieseliges Fruchtfleisch.	Fehlende Frische im Geruch, im Geschmack teigig, leblos und dumpf.
Ranzig, oxidativ	Überlagerte, alte Destillate.	Von Sherrynoten überlagerte Frucht, oft ranzig-buttrig und breit im Geschmack.
Parfumnote Geranienton Schnupftabak Gummibärchen	Vor allem in Steinobstbränden, Fehlgärungen, Fettsäureester.	Tabakartiger, intensiv blumiger bis parfümierter, oft auch gummibärchenartiger Geruch.

GENIESSEN ...

KRÄUTERSCHNÄPSE UND ANDERE ANSÄTZE

Hinweise auf heilende oder vorbeugende Wirkung sind bei der Deklaration von Spirituosen zwar unzulässig, dennoch steht unumstritten fest, dass viele Kräuter und Wurzeln, bedingt durch den hohen Gerbstoffanteil, eine positive Wirkung auf die Verdauung haben. Dies mag wohl der Hauptgrund für die weit verbreitete Anwendung von sogenannten „Ansatzschnäpsen" sein. Schon Paracelsus (1493-1541) sagte: „Alle Wiesen und Matten, alle Berge und Hügel sind Apotheken".

Aus Wurzeln, Kräutern, Blüten, Früchten, Samen, Rinden und Hölzern werden die aromatischen Bestandteile durch Wasser und Alkohol ausgelaugt oder extrahiert. Selbstproduzierte Destillate eignen sich gut dazu, die pflanzlichen Rohstoffe, im Folgenden auch Drogen genannt, auszulaugen und daraus wertvolle Ansatzschnäpse oder Liköre herzustellen.

Zum **Auslaugen** kommen grundsätzlich drei verschiedene Verfahren zur Anwendung, die **Mazeration**, die Perkolation oder die Digestion. Wobei die Mazeration (lat. *macerare* = erweichen, mürbe machen, wässern) wohl die älteste und gebräuchlichste Methode darstellt. Im Volksmund nennt man die Methode einfach „Ansetzen", da die Drogen mit Alkohol übergossen, also angesetzt, werden. Alkohol und Wasser laugen die Drogen aus und nehmen die mehr oder weniger aromatischen Bestandteile auf. Nach einer bestimmten Standzeit werden die Drogen einfach abfiltriert.

Beim Verfahren der **Digestion** (lat. *digere* = teilen, trennen) arbeitet man mit warmem Lösungsmittel, wodurch ein schnellerer Aufschluss erfolgen soll. Dieses Verfahren ist für kleine Ansätze weniger geeignet. Im Gegensatz dazu ist die **Perkolation** (lat. *percolare* = durchsickern lassen) in der Praxis interessanter. Hierbei erfolgt die Gewinnung des Aromaextraktes durch das langsame und wiederholte Durchsickern einer alkoholischen Lösung durch die pflanzlichen Rohstoffe. Der mit Geruchs- und Geschmacksstoffen angereicherte Alkohol kann entweder bereits nach einem Durchgang oder erst nach mehreren Durchläufen abgezogen werden. Ein letzter Durchgang wird meist mit Wasser, zur Verdrängung des Alkohols aus dem Ansatz, durchgeführt.

Bei der Verarbeitung der Drogen ist zu beachten, dass sich ihre wertvollen Inhaltstoffe unterschiedlich in Alkohol-Wasser-Mischungen lösen. Manche Geschmacksstoffe lösen sich besonders gut in hochprozentigem Alkohol und scheiden sich daher beim Herabsetzen mit Wasser wieder ab. Andere lösen sich dagegen in Wasser besser als in Alkohol.

WICHTIG: Alkoholische Ansätze mit Kräutern oder Früchten sollten möglichst dunkel gelagert werden, da ansonsten unerwünschte Oxidationen auftreten können.

Praktische Erfahrungen lehren, dass bei der Mazeration zuerst die feinen, blumigen und angenehmen Substanzen der Droge gelöst werden. Mit steigender Dauer der Mazeration verstärkt sich bei Kräutern der kratzige, krautig-derbe Eindruck des Ansatzes, bei Früchten gehen vermehrt Bitterstoffe und adstringierende Gerbstoffe in Lösung.

Ansätze sollten möglichst dunkel gelagert werden, da es ansonsten zu unerwünschten Oxidationen kommen kann.

Welches Destillat passt aber nun zu welchem Ansatz? Zur Extraktion von **Kräutern** hat sich 60%iger Apfelbrand bewährt. Allerdings sollte das Destillat nicht zu viel Eigengeschmack besitzen, damit das Kräuteraroma nicht vom Geschmack des Obstbrands überdeckt wird. Möchte man **Beeren** oder **Früchte** extrahieren, muss man den Obstbrand auf jeden Fall vorher mit Aktivkohle neutralisieren. Dazu rührt man die Aktivkohle in das Destillat ein, nach einigen Stunden setzt sich die Kohle mit den Aromen ab, der Überstand wird abgezogen und über einen Falten- oder Schichtenfilter filtriert. Zur weitergehenden Entaromatisierung kann der Überstand nochmals destilliert werden. Wichtig ist, dass auf jeden Fall vorher die Aktivkohle abgetrennt und nicht mitdestilliert wird, sonst entweichen die bereits entfernten Stoffe wieder.

Die Vielfalt der Drogen und ihrer Zusammenstellungen macht es unmöglich, dieses Thema hier umfassend darzustellen. Die nachfolgend vorgestellten Rezepturen sollen Sie vielmehr zum eigenen Experimentieren anregen.

Beliebt zum Ansetzen in Alkohol ist die **Blutwurz** (*Potentilla erecta*) mit Inhaltsstoffen wie Tannin, Tormentillin, Chinasäure und Spuren von ätherischen Ölen. Neben diesen Arzneistoffen besticht der Ansatz vor allem durch die intensive rote Farbe aus dem Wurzelstock (Tormentillrot). Die Blutwurz gehört zur Familie der Rosengewächse, den Wurzelstock sammelt man von September bis November. Angesetzt mit 60%igem Apfelbrand genügen 250 g getrocknete und zerkleinerte Wurzel für 10 l Ansatz. Zur Verfeinerung des Geruchs und zur Abrundung des Geschmacks empfiehlt es sich 50 g Sternanis und 10 Zimtstangen zuzugeben. Dieser Ansatz verbleibt eine Woche im kühlen, dunklen Keller, danach werden die Pflanzen- und Gewürzteile abfiltriert, das Produkt auf den gewünschten Alkoholgehalt herabgesetzt und wiederum eine Woche kühl und dunkel gelagert. Aufgrund des enormen Gerbstoffgehalts kommt es immer zu Ausflockungen und weißen Niederschlägen am Boden der Aufbewahrungsgefäße. Diese wertbestimmenden Bestandteile können im Ansatz bleiben oder werden mit Hilfe einer Gelatineschönung entfernt, allerdings verliert der Ansatz dabei auch an Aroma und Farbe. Zur Schönung löst man ein wenig granulierte Gelatine in wenig Wasser auf und verteilt dies gleichmäßig im Ansatz. Sofort bildet sich ein weißer Schleier, die Gerbstoffe denaturieren die Gelatine, werden gebunden und sinken zu Boden. Bereits nach wenigen Stunden kann man das geschönte Endprodukt abziehen.

Für einen **Kräuteransatz** hat sich folgendes Rezept bewährt. Als Basis dienen 8 l Obstbrand mit 60 %vol, entweder mit Aktivkohle neutralisiert oder doppelt gebrannt. Die Drogen werden in folgender Reihenfolge zugegeben:

- 10 gestr. TL (gestrichene Teelöffel) Beifuß, besser Alpenbeifuß: Die Pflanze ist sehr aromatisch, leicht bitter und wurde aus diesem Grund seit jeher als Bitterkomponente in alkoholischen Getränken verwendet. Die enthaltenen Tannine und ätherischen Öle besitzen verdauungsfördernde und appetitanregende Eigenschaften.

- 6 gestr. TL Angelikafrucht: Die plattgedrückten Spaltfrüchte enthalten wertvolle ätherische Öle, deren Mazerat aber im Gegenteil zur Angelikawurzel weniger rau, herb und bitter ist. Anregendes und sekretionsförderndes Magentonikum.
- 4 gestr. TL Koriander: Aus Vorderasien stammendes Gewürz mit ätherischen Ölen, Fetten und Gerbstoffen. Neben den appetitanregenden und verdauungsfördernden Eigenschaften wirkt Koriander zusätzlich krampflösend.
- 6 gestr. TL Ysop: Eine wichtige Pflanze, die mit ihren Eigenschaften für das feine und liebliche Aroma eines Kräuterlikörs sorgt. Das Mazerat ist lieblich und erinnert an Ingwer und Rosmarin.
- 6 gestr. TL Melisse: Bekannt aus dem Melissengeist, der bei nervösen Störungen eingesetzt wird, ist Melisse ein traditioneller Aromaträger in Kräuterlikören.
- 6 gestr. TL Salbei: Sein angenehmer Geruch und Geschmack in Verbindung mit der wohltuenden Wirkung bei Atemwegserkrankungen sowie der Anregung der Darmfunktion machen Salbei zum idealen Bestandteil des alkoholischen Ansatzes.
- 6 gestr. TL Pomeranzenschalen: Appetitanregend und magenstärkend mit orangeroter bis rotbrauner Farbe verfeinern Pomeranzenschalen durch ihren würzig-feinaromatisch fruchtigen Geruch und die harmonische Farbe den Kräuterlikör wesentlich.
- 8 gestr. TL Kamille: Ein altes Hausmittel mit guter Wirkung bei Atembeschwerden, Rachenerkrankungen und Übelkeit dient hier zur Abrundung des Geschmacks und zur Harmonisierung der Bitterdrogen.
- 1 gestr. TL Kardamom: Dieses mit dem Ingwer verwandte Gewürz dient zur Feinaromatisierung des Likörs mit seinen einzigartigen Geschmackskomponenten, die von Eukalyptus und Veilchen, leicht brennend, aber auch erfrischend und kühlend, getragen werden.
- 2 gestr. TL Moschusschafgarbe: Eine bekannte und häufige Pflanze zur Likörbereitung, deren bitterer, aber angenehm aromatischer Geschmack die Sekretion der Magensäfte fördert.
- 2 gestr. TL Minze: Sie dient ebenfalls der geschmacklichen Abrundung. Zusätzlich nützt man die ätherischen Öle, Bitterstoffe und Harze, welche sich förderlich auf Verdauung und Gallensekretion auswirken.
- 1 Muskatblüte: Fleischiger, lederartiger Samenmantel in karminroter Farbgebung, mit ähnlichem Geschmack wie die Muskatnuß, jedoch wesentlich feiner und eleganter. Antiseptische Wirkung bei Magen-, Darm- und Blasenerkrankungen.
- Verfeinert wird mit Anis und Kümmel nach Belieben.

Die Drogen werden 24 Stunden dunkel und kühl mazeriert und dann über einen Nylon- oder Papierfilter abgegossen und leicht ausgepresst. Die Flüssigkeit kann nun leicht gesüßt und gegebenenfalls mit Wasser auf 10 l aufgefüllt werden. Nach einem Tag wird nochmals über einen Falten- oder Schichtenfilter filtriert.

Wem dies zu aufwändig ist, der kann auch **frischen Estragon** extrahieren. Estragon besitzt große Popularität als Küchengewürz oder bei der Verfeinerung von Essig oder Senf. Estragon *(Artemisia dracunculus)* mit Volksnamen wie „Beifuß“ oder „Schlangenkraut“ ist ein mehrjähriger, bis 1 m hoher Korbblütler, dessen Gehalt an ätherischen Ölen, Cumarin und Tannin magenstärkende und verdauungsfördernde Auswirkungen hat. Im Gegensatz zur Blutwurz werden hier die Blätter und unverholzten Stängel verwendet. Ein Ansatz aus frischen Kräutern ist, im Gegensatz zu den meisten anderen Drogen, empfehlenswert. Man bringt einfach einen frischen Estragonstängel in eine Flasche mit 40 %igem Apfelbrand. Der Ansatz ist auch optisch recht ansprechend, denn bereits nach einigen Tagen bekommt die Flüssigkeit eine leicht grünliche Färbung und nimmt den würzig-frischen Geruch und Geschmack des Estragons an – in Verbindung mit dem Apfelduft aus einem sauberen Destillat – ein Genuss als Digestif oder Aperitif.

Weiterhin eignen sich **getrocknete Holunderblüten** oder auch Schlehenfrüchte hervorragend zu Ansätzen wobei auch hier gilt: möglichst kurze Auslaugung in dunklen und kühlen Räumen.

Kräuter und Kräutermischungen können mit Nachlauf oder Maischen abdestilliert ein harmonisches Kräuterdestillat ergeben.

SERVICE

Literatur

Fachbücher

Adam, L.: Kontraktionstabellen Dr. Adam. Heller Verlag, Schwäbisch Hall.

Albrecht, W., Eckert, F. (Herausgeber): Alkohol-ABC und Recht 2005. Zimmermann Druck und Verlag, Balve 2005.

Amtliche Alkoholtafeln. Physikalisch-Technische Bundesanstalt, Braunschweig u. Berlin.

Bartels, W.: Von der Frucht zum Destillat, 3. Auflage. Heller Verlag, Schwäbisch Hall 2012.

Dürr, P., Albrecht, W., Gössinger, M.: Technologie der Obstbrennerei, 3. Auflage. Verlag Eugen Ulmer, Stuttgart 2010.

Fischerauer, A.: Edelbrände selbst gemacht. Österreichischer Agrarverlag, Leopoldsdorf 2003.

Hartmann, W., Philipp, S.: Die 100 besten Obstsorten für die Brennerei. Verlag Eugen Ulmer, Stuttgart 2018.

Kolb, E. (Herausgeber): Spirituosen-Technologie, 6. Auflage. Behrs Verlag, Hamburg 2002.

Pischl, J.: Schnapsbrennen. Leopold Stocker Verlag, Graz-Stuttgart 2008.

Röhrig, G., Albrecht, W.: Eine Brennerei einrichten. Verlag Eugen Ulmer, Stuttgart 2018.

Schwarz, P., Springob, F.: Das macht GIN! Produktion von Gin und Geist. Verlag Eugen Ulmer, Stuttgart 2021.

Zitierte Literatur

Alkoholsteuergesetz und Verordnung zur Durchführung des Alkoholsteuergesetzes (Stand 24.10.2022).

Wüstenfeld, H., Haeseler, G.: Trinkbranntweine und Liköre, 5. Auflage. Blackwell Wissenschafts-Verlag, Berlin u. Wien 1996.

Bezugsquellen

Kellereibedarf

Albert Pfäffle GmbH
Karl-Wüst-Str. 5, 74076 Heilbronn
www.pfaeffle-heilbronn.de

Carl GmbH
Poststraße 109, 73054 Eislingen
www.carl.info
Brennereireiniger „Basis – Innen“

C. Schließmann Kellerei-Chemie
Auwiesenstraße 5, 74523 Schwäbisch Hall
www.c-schliessmann.de

GIFA Getränke-Industrie-Fachbedarf
Schießstattstr. 33, 83024 Rosenheim

G. Wein Brennerei- und Kellereibedarf
Meimsheimer Str. 10, 74357 Bönnigheim
www.gwein.de

Karl Bockmeyer Kellereitechnik GmbH
Zementwerk 3, 72622 Nürtingen
www.bockmeyer.de

Müller GmbH, Brennereianlagen
St.-Urban-Str. 17/19, 77704 Oberkirch-Tiergarten
www.brennereianlagen.de

ReKru
Betznauer Straße 28, 88079 Kressbronn
www.rekru.de

VIERKA Friedrich Sauer GmbH & Co.
Kleinbardorfer Str. 4
97631 Bad Königshofen im Grabfeld
www.vierka.de

Volbers Kellereiartikel GmbH
Schwarzacher Straße OST, 97318 Kitzingen
www.volbers.com

Brenngeräte
Arnold Holstein GmbH
Am Stadtgraben 15, 88677 Markdorf
www.a-holstein.de

Brennerei Müller GmbH
St.-Urban-Str. 17/19, 77704 Oberkirch-Tiergarten
www.brennereianlagen.de

Carl GmbH
Poststraße 109, 73054 Eislingen
www.carl.info

Ulrich Kothe Destillationstechnik
Beltstraße 3, 73054 Eislingen
www.kothe-dt.de

Wichtige Adressen

Destillata (Vereinigung zur Präsentation und Prämierung bester Spirituosen)
Schauflergasse 6, 1014 Wien (Österreich)
www.destillata.at

DLG Deutsche Landwirtschafts-Gesellschaft e.V.
Eschborner Landstraße 122, 60489 Frankfurt
Tel. ++ 49 (0) 6 92 47 88-0
Fax ++ 49 (0) 6 92 47 88-110
info@dlg.org
www.dlg.org

Verband badischer Klein- und Obstbrenner e.V.
Hindenburgplatz 1, 77767 Appenweier
www.kleinbrenner-baden.de

Glossar

Abtrieb
Destillation einer Brennblasenfüllung.

Acetaldehyd
Acetaldehyd ($CH_3 \times CHO$) ist eine unangenehm stechend riechende Flüssigkeit. Es entsteht im Stoffwechsel der Hefezellen und ist in jeder vergorenen Maische in geringen Mengen vorhanden. Aufgrund seines niedrigen Siedepunkts ist Acetaldehyd ein typischer Bestandteil des Vorlaufs und kann dadurch bei der Destillation gut abgetrennt werden.

Acrolein
Acrolein ($CH_2 = CH \times CHO$; Propenal) ist eine zu Tränen reizende, giftige Flüssigkeit und verursacht dadurch einen Spirituosenfehler. Während der Gärung kann durch Bakterien, die vor allem durch infiziertes, schmutziges Obst in die Maische gelangen, Hydroxypropanal entstehen, das bei der Destillation zu Acrolein reagiert.

Äthylalkohol landwirtschaftlichen Ursprungs
Siehe Neutralalkohol.

Antischaummittel
Manche Maischen neigen beim Brennen stark zum Schäumen und die Maische steigt dadurch unter Umständen bis auf die Verstärkerboden hoch. Um dies zu vermeiden, gibt man der Maische vor der Destillation ein speziell für diesen Zweck entwickeltes Silikon zu, das sogenannte Antischaummittel.

Ausbeutesatz
Gibt an, welche Alkoholausbeute aus verschiedenen Früchten zu erwarten ist. Er wird für Abfindungsbrennereien gesetzlich festgelegt und dient als Grundlage zur Berechnung der zu entrichtenden Branntweinsteuer.

Blausäure
Blausäure (HCN; Cyanwasserstoff) ist eine giftige Flüssigkeit und ein typischer Bestandteil von Steinobstbränden. Blausäure ist eine Vorstufe des als

krebserregend eingestuften Ethylcarbamats, daher dürfen Obstbrände nicht mehr als 10 g/100 l reinen Alkohols enthalten.

Essigsäureethylester
Essigsäureethylester (Ethylethanoat) ist ein typischer Inhaltsstoff von Obstbränden. Da die Verbindung sehr leichtflüchtig ist, reichert sie sich vor allem im Vorlauf an. In hoher Konzentration findet man den stechend riechenden Ester in Bränden aus mit Bakterien infizierten Maischen. Dann reichert er sich auch im Mittellauf an und verursacht einen Spirituosenfehler.

Essigstich
Von einem Essigstich spricht man, wenn eine Maische oder ein Destillat deutlich nach Essigsäure und deren Ester (z. B. Essigsäureethylester) riecht. Essigsäure ($CH_3 \times COOH$; Ethansäure) entsteht vor allem, wenn der Kohlendioxidschutz der Maische nach der Gärung verloren geht und dadurch Essigsäurebakterien wachsen können. Sie veratmen den Alkohol zu Essigsäure. Da Essigsäure leicht flüchtig ist, geht sie ins Destillat über und verursacht einen Spirituosenfehler.

Feinbrandverfahren
Siehe Rau- und Feinbrandverfahren.

Geist
Als „-geist" unter Voranstellen des Namens der Frucht dürfen nur Destillate bezeichnet werden, die durch Mazeration ganzer, nicht vergorener Früchte in Neutralalkohol und anschließender Destillation hergestellt wurden. Nur bestimmte Früchte dürfen auf diese Weise verarbeitet werden, nämlich Brombeeren, Erdbeeren, Heidelbeeren, Himbeeren, Johannisbeeren, Schlehen, Vogelbeeren, Eberesche, Stechpalme, Mehlbeeren, Holunder, Hagebutten, Schwarze Johannisbeeren.

Geistrohr
Verbindungsrohr zwischen Verstärker und Produktkühler an einem Destillationsgerät. Das Geistrohr leitet die verstärkten alkoholischen Dämpfe zum Kühler.

Kohlendioxid
Kohlendioxid (CO_2) ist ein farbloses Gas, das etwa 1,5-mal schwerer als Luft ist und sich deshalb immer am Boden ansammelt. Es entsteht bei der alkoholischen Gärung und ist neben Alkohol mengenmäßig ein wichtiges Produkt.

Massenprozent, %mas
Geben an, wie viel Gramm einer Substanz in 100 g einer Flüssigkeit enthalten sind.

Mazeration
Bei der Mazeration werden die Aromastoffe durch Einweichen des Rohstoffs (z. B. Himbeeren, Kräuter) in Alkohol und Wasser ausgezogen. Im Volksmund nennt man die Methode einfach „Ansetzen".

Nachlaufton
Bei der Destillation einer Obstmaische gehen gegen Ende, wenn der trinkbare Alkohol zumeist überdestilliert ist, sehr unangenehm schmeckende Stoffe über. Der sogenannte Nachlauf riecht und schmeckt dumpf, säuerlich und erinnert oft an den Geruch eines alten Putzlappens. Er muss getrennnt von der Hauptfraktion, dem Mittellauf, gesammelt werden. Wird der Nachlauf nicht sauber abgetrennt, weist der Obstbrand später einen Nachlaufton mit den oben beschriebenen Aromaeindrücken auf.

Neutralalkohol
Unter Neutralalkohol oder Äthylalkohol landwirtschaftlichen Ursprungs versteht man ein aufgereinigtes Alkohol-Wassergemisch mit einem Alkoholgehalt von mindestens 96,0 %vol. Der Gesetzgeber (VO (EWG) Nr. 1576/89) legt Mindestanforderungen an die Reinheit fest. Man kauft Neutralalkohol zur Spirituosenherstellung in den Qualitätsstufen „Primasprit" oder „extrafein filtrierter Alkohol (eff. Sprit)".

Rau- und Feinbrandverfahren

Auf Destillationsgeräten ohne Verstärkereinrichtungen werden Obstbrände durch zweimalige Destillation hergestellt. Bei der ersten Destillation, dem sogenannten Raubrand, wird der gesamte Alkohol aus der Maische abdestilliert. Mehrere Raubrände werden gesammelt und einer zweiten Destillation unterworfen, dem Feinbrand, dabei wird weiter verstärkt und aufgereinigt, unter Abtrennung von Vor- und Nachlauf.

Schlempe

Die entalkoholisierte Maische, die nach dem Brennen in der Blase zurückbleibt.

Terpene

Sehr angenehm, meist blumig riechende Aromastoffe, die schon in der Frucht vorkommen. Sie spielen bei vielen Weinsorten eine wichtige Rolle. In Obstbränden kommen sie aber nur in sehr geringen Mengen vor, da sie sich beim Brennen kaum im Destillat anreichern lassen.

Trester

Die Rückstände bei der Wein-, Obstwein- und Fruchtsaftherstellung. Sie werden zur Herstellung eines sogenannten Tresterbrands verwendet, wobei die Bezeichnung „Trester" oder „Tresterbrand" Spirituosen aus Traubentrester vorbehalten ist. Destillate aus Obsttrester dürfen als „Brand aus Obsttrester" vermarktet werden.

Verkehrsbezeichnung

Durch die EG-Spirituosen-Verordnung ist gesetzlich geregelt, unter welcher Bezeichnung man ein Obstdestillat in den Verkehr bringen darf.

Volumenprozent, %vol

Geben an, wie viele Liter einer Substanz in 100 l einer Flüssigkeit enthalten sind. Die Angabe ist nur mit einer zugehörigen Temperatur eindeutig. Normalerweise bezieht man sie auf 20 °C.

Vorlaufton

Bei der Destillation einer Obstmaische gehen zu Beginn neben Alkohol und Wasser sehr leichtflüchtige, unangenehme und zum Teil giftige Stoffe über. Daher werden die zuerst aus der Brennblase rinnenden Destillatmengen in einem extra Gefäß gesammelt und als sogenannter Vorlauf verworfen. Wird der Vorlauf nicht sauber abgetrennt, weist der Obstbrand später einen Vorlaufton auf. Er riecht und schmeckt klebstoff- oder lösungsmittelartig und brennt im Gaumen.

Williamsester

Chemisch korrekt müsste man den Williamsester als Ethyldecadienoat bezeichnen. Da diese Verbindung typisch für das Aroma von Williams-Christ-Birnen ist und auch die Brände aus dieser Birnensorte prägt, wird umgangssprachlich oft der anschaulichere Begriff Williamsester verwendet.

Bildquellen

Alle Fotos und das Titelfoto stammen von Klaus Hagmann. Das Foto auf S. 42 stammt von Carl GmbH.

Die Zeichnungen fertigte
Helmuth Flubacher, Waiblingen,
nach Vorgaben von Klaus Hagmann und Carl GmbH.

Mehr zum Thema

Beratung für Obst/Getreidebrennerei und Likörherstellung

Dr. Klaus Hagmann
Dornierstr. 8, 73033 Göppingen
Mobil 0173 3430691
dr.hagmann@gmail.com

REGISTER

Anmerkung zur Schreibweise (Gendering): Gendergerechtigkeit und Inklusion sind bei uns gelebte Praxis – bei der Auswahl unserer Themen, bei der Recherchearbeit, in der Gestaltung. Unsere Texte meinen alle. Damit unsere Inhalte jedoch gut lesbar bleiben, verzichten wir in diesem Werk auf die jeweilige Mehrfachnennung oder Anpassung der Schreibweise bestimmter Bezeichnungen an die weibliche, männliche oder diverse Form.

Bibliografische Information der Deutschen Nationalbibliothek
Die Deutsche Nationalbibliothek verzeichnet diese Publikation in der Deutschen Nationalbibliografie; detaillierte bibliografische Daten sind im Internet über http://dnb.d-nb.de abrufbar.

Wollgrasweg 41, 70599 Stuttgart (Hohenheim)
E-Mail: info@ulmer.de
Internet: www.ulmer.de
Lektorat: Antje Munk, Lisa Seibel, Jennifer Zajonz
Herstellung: Judith Schumann
Umschlag-Gestaltung: Verlag Eugen Ulmer
Satz: r&p digitale medien, Echterdingen
Druck und Bindung: Pustet, Regensburg
Printed in Germany

ISBN 978-3-8186-2221-3

Mehr Aroma. Seit 1929.
MÜLLER
BRENNEREIANLAGEN
HANDWERK MIT HAMMER & LEIDENSCHAFT
MADE IN GERMANY.
WELTWEIT IM EINSATZ.
Wir beraten Sie gerne persönlich!
info@brennereianlagen.de
www.brennereianlagen.de

jährlich
aktuelle
Kataloge

Carl
More than 150 years
150
Since 1869
THE FINE ART OF DISTILLERY TECHNOLOGY
ENGINEERED & MADE IN GERMANY
Kontakt: Carl GmbH - D-73054 Eislingen +49 7161 9783 0 sales@carl.info www.carl.info

FÜR EDLE BRÄNDE

Dieses Buch bietet Hilfestellung bei der Wahl der Früchte für die Herstellung von Destillaten. Erfahren Sie, wie sich das Einschlagen von Obst, die alkoholische Gärung und der Brennprozess auf die Qualität des Brandes auswirken. Schwerpunkt des Buches ist die Sortenwahl: Vorgestellt werden vor allem aromareiche und regionale Obstsorten mit sortentypischen Fotos. Herkunft, Standortansprüche und ihre Eignung für den Streuobstbau werden ebenso beschrieben wie die Frucht- und Baumeigenschaften und ihre Eignung als Brennfrucht.

Die 100 besten Obstsorten für die Brennerei.

W. Hartmann, P. Schwarz. 2018. 160 Seiten, 120 Farbfotos, geb.

ISBN 978-3-8186-0339-7.